2024

国家统一法律职业资格考试记忆通

民 法

含《民法典合同编通则解释》

飞跃考试辅导中心 编

学科版

中国法制出版社

CHINA LEGAL PUBLISHING HOUSE

编 写 说 明

　　《国家统一法律职业资格考试记忆通》的前身是中国法制出版社飞跃考试辅导中心于 2006 年推出的《司法考试记忆通》。作为一套能够脱颖而出并连续热销多年的考试记忆类图书，为了满足考生高效备考的需要，飞跃考试辅导中心全新编写了"2024 国家统一法律职业资格考试记忆通·学科版"系列丛书。本丛书包括《民法》《刑法》《诉讼法》三个分册。本书是《民法》分册。

　　本丛书在编写时突出了三大特点：

　　一、精选核心知识点。众所周知，民法、刑法和诉讼法占据了法考的半壁江山，所以这些科目的复习尤为重要。故本丛书优选近年来考试考查的核心知识点，提炼知识要点，捋清知识脉络，帮助考生提高备考效率。

　　二、随学随练。为了避免考生陷入"一学就懂，一做就错"的备考误区，本丛书在每个专题下配备了精选练习题，通过练习增强对该专题知识点的理解和掌握。

　　三、复习方法独特。本丛书通过图表记忆、比较记忆等方法，使得考点形象化，记忆效果更持久。以图画形式总结零散知识要点，方便考生根据关键词，迅速串联回忆考点内容。

　　因为用心，所以卓越。真诚希望"2024 国家统一法律职业资格考试记忆通·学科版"系列丛书能助广大考生朋友顺利通过法律职业资格考试！

飞跃考试辅导中心

目　　录

专题一　总　　则

专题二　物　　权

1

专题三　合　　同

专题四　人　格　权

专题五　婚姻家庭

专题六　继　　承

专题七　侵权责任

主观试题

主观试题参考答案及详解

专题一 总 则

考点 1 民事权利的分类

人身权与财产权	根据民法调整对象的不同，可将民事权利划分为人身权与财产权。 重点掌握姓名权、肖像权、名誉权、隐私权的侵权认定。
绝对权与相对权	依据权利的效力及义务主体范围，可将权利分为绝对权与相对权。 义务人为除权利人之外的不特定人的权利为绝对权，义务人为特定主体的权利为相对权。
支配权、请求权、（抗辩权与形成权）	依据权利行使方式的不同，可将权利分为支配权、请求权、抗辩权、形成权。 （1）支配权：权利主体直接支配权利客体并享有其利益的排他性权利。 （2）请求权：特定的权利人请求特定他人为或不为一定行为的权利。 常考请求权：追认权、抵销权、撤销权、解除权、遗赠的接受与放弃权（受遗赠人接受遗赠或放弃遗赠的权利）。 （3）抗辩权：针对有效的请求权而提出，以阻止请求权效力的权利。 （4）形成权：依权利人单方意思表示，就能使民事法律关系发生、变更、消灭的权利。 常考抗辩权：诉讼时效届满的抗辩权、合同法中的三大抗辩权（同时履行抗辩权、顺序履行抗辩权、不安抗辩权）、一般保证人的先诉抗辩权。
主权利与从权利	依据权利依存关系，可将权利分为主权利与从权利。 （1）主权利：不依赖其他权利而能够独立存在的权利。 （2）从权利：以主权利的存在为前提而存在的权利。

考点 2　自然人的民事权利能力

特征	（1）是一种资格，而不是实际的权利。 （2）内容包括民事主体取得民事权利的资格和承担民事义务的资格。 （3）内容和范围具有法定性、平等性。 （4）与民事主体不可分离，当事人不得转让或放弃。
起止	（1）自然人从出生时起到死亡时止，具有民事权利能力，依法享有民事权利，承担民事义务。（始于出生，终于死亡） （2）自然人的出生时间和死亡时间，以出生证明、死亡证明记载的时间为准；没有出生证明、死亡证明的，以户籍登记或者其他有效身份登记记载的时间为准。 （3）有其他证据足以推翻以上记载时间的，以该证据证明的时间为准。
生理死亡 的推定	民法上的自然人的死亡有生理死亡与宣告死亡之分。生理死亡的推定：根据《民法典》第1121条第2款，相互有继承关系的数人在同一事件中死亡，难以确定死亡时间的（前提），推定没有其他继承人的人先死亡。都有其他继承人，辈份不同的，推定长辈先死亡；辈份相同的，推定同时死亡，相互不发生继承。

考点 3　自然人的民事行为能力

类　型	年　龄	精神健康状况	民事法律行为效力	
无民事 行为能力人	不满 8 周岁	完全不能辨认 自己行为的成年人	无效	
限制民事 行为能力人	8 周岁以上 的未成年人	不能完全辨认 自己行为的成年人	有效	（1）纯获利益的民事法律行为（接受赠与）。 （2）与其年龄、智力、精神健康状况相适应的民事法律行为（零用钱行为）。
			无效	与其意思能力不相适应的单方民事法律行为（订立遗嘱）。
			待定	与其意思能力不相适应的双方民事法律行为（签订委托合同）。

类 型	年 龄	精神健康状况	民事法律行为效力
完全民事 行为能力人	18 周岁以上	精神正常	有效
	16 周岁以上的未成年人，以自己的劳动收入为主要生活来源的，视为完全民事行为能力人。		

考点 4　监护

种类	法定 监护	由法律直接规定监护人范围和顺序的监护。法定监护人可以由一人或多人担任。包括对未成年人的监护与对不能辨认、不能完全辨认自己行为的成年人的监护。
	指定 监护	指定监护只有在法定监护人有争议时才产生。所谓争议，（1）对于未成年人，是其父母以外的监护人范围内的人，争抢担任监护人或互相推诿都不愿意担任监护人；（2）对于成年行为能力欠缺者，则是监护范围内的任何人之间的争议，互相争抢或者互相推诿。
	遗嘱 监护	遗嘱指定监护仅适用于父母担任监护人的情形，至于指定对象则未作限制。由于遗嘱属于死因民事法律行为，故遗嘱监护于遗嘱人死亡时生效。
	协议 监护	协议确定监护人应当尊重被监护人的真实意愿。从最有利于监护和尊重被监护人意愿考虑，具有监护资格的人之间可以协商确定监护人，作为法定监护的补充。
	委托 监护	监护人通过与他人签订委托合同，将监护权限转委托给他人的监护。 委托人仍要对被监护人的侵权行为承担民事责任，被委托人（受托人）有过错的，承担相应的责任。
撤销		《民法典》第36条第1款规定，监护人有下列情形之一的，人民法院根据有关个人或者组织的申请，撤销其监护人资格，安排必要的临时监护措施，并按照最有利于被监护人的原则依法指定监护人：（1）实施严重损害被监护人身心健康的行为；（2）怠于履行监护职责，或者无法履行监护职责且拒绝将监护职责部分或者全部委托给他人，导致被监护人处于危困状态；（3）实施严重侵害被监护人合法权益的其他行为。 《民法典》第36条第2款规定，上述规定的有关个人和组织包括：其他依法具有监护资格的人、居民委员会、村民委员会、学校、医疗机构、妇女联合会、残疾人联合会、未成年人保护组织、依法设立的老年人组织、民政部门等。 《民法典》第36条第3款规定，上述规定的个人和民政部门以外的组织未及时向法院申请撤销监护人资格的，民政部门应当向法院申请。

撤销	《民法典》第37条规定，依法负担被监护人抚养费、赡养费、扶养费的父母、子女、配偶等，被人民法院撤销监护人资格后，应当继续履行负担的义务（监护资格撤销并不能免除义务）。
恢复	《民法典》第38条规定，被监护人的父母或者子女被法院撤销监护人资格后，除对被监护人实施故意犯罪的外，确有悔改表现的，经其申请，人民法院可以在尊重被监护人真实意愿的前提下，视情况恢复其监护人资格，人民法院指定的监护人与被监护人的监护关系同时终止。

考点5　宣告失踪和宣告死亡

	宣告失踪	宣告死亡
要件	（1）失踪达到法定期间。宣告失踪的法定期间为2年，从失踪人失去音讯之日起计算；战争期间失踪的，失踪期间从战争结束之日或者有关机关确定的下落不明之日起计算。	（1）自然人下落不明达到法定期间。 ①一般情况下，自然人离开住所下落不明满4年的。 ②因意外事件下落不明，从事件发生之日起满2年的，利害关系人可以申请宣告死亡。但因意外事件下落不明，经有关机关证明该自然人不可能生存的，申请宣告死亡不受2年时间的限制。 ③战争期间下落不明的，申请宣告死亡的失踪期间适用4年的规定。下落不明的起算时间，自战争结束之日或者有关机关确定的下落不明之日起计算。
	（2）经利害关系人申请。宣告失踪须经利害关系人申请，程序才开始。申请人之间没有排他效力，任一申请人都可以申请。	（2）须由利害关系人以书面方式向下落不明人住所地的基层法院提出申请。
	（3）由法院宣告。法院收到利害关系人的宣告失踪申请后，先要发出寻找公告，期间为3个月。公告期满，失踪事实得到确认，法院应以判决方式宣告失踪。	（3）须由法院依照法定程序进行宣告。宣告死亡，只能由法院为之。法院受理宣告死亡案件后，应发出寻找失踪人的公告。公告期间为1年。因意外事故下落不明，经有关机关证明其不可能生存的，公告期间为3个月。公告期间届满失踪人仍未出现的，法院作出宣告死亡的判决。

	宣告失踪	宣告死亡
法律效果	（1）法院在宣告失踪的判决中，为失踪人指定财产代管人。有资格任财产代管人的，应是失踪人的配偶、父母、成年子女或关系密切的其他亲属、朋友。 （2）财产代管人负保管失踪人财产的职责，对于失踪人所欠的税款、债务和其他费用，可从代管财产中支付。财产代管人不履行代管职责或者侵犯失踪人财产的，要负侵权之民事责任。	（1）被宣告死亡的人的婚姻关系，自死亡宣告之日起消除。 （2）个人合法财产按遗产开始继承。 （3）丧失民事主体资格。被宣告死亡的人，法院宣告死亡的判决作出之日视为其死亡日期；因意外事件下落不明宣告死亡的，意外事件发生之日视为其死亡的日期。
撤销	当失踪人复出或者有人确知其下落时，经本人或利害关系人申请，由法院撤销对他的失踪宣告。法院的撤销失踪宣告作出后，财产代管人资格消灭，财产代管人应交还代管财产并汇报管理情况、提交收支账目等。	被宣告死亡的人重新出现，经本人或者利害关系人申请，法院应当撤销死亡宣告。 （1）被撤销死亡宣告的人有权请求依照《民法典》继承编取得其财产的民事主体返还财产。无法返还的，应当给予适当补偿。 （2）利害关系人隐瞒真实情况，致使他人被宣告死亡取得其财产的，除应当返还财产外，还应当对由此造成的损失承担赔偿责任。 （3）死亡宣告被撤销的，婚姻关系自撤销死亡宣告之日起自行恢复。例外：其配偶再婚或者向婚姻登记机关书面声明不愿意恢复的婚姻关系不恢复。 （4）被宣告死亡的人在被宣告死亡期间，其子女被他人依法收养的，在死亡宣告被撤销后，不得以未经本人同意为由主张收养行为无效。
关系	（1）两者互不关联。宣告失踪与宣告死亡是各自独立的程序，也即当事人失踪以后，利害关系人可以根据充足的要件，选择申请宣告失踪或者申请宣告死亡，宣告失踪并不是宣告死亡的前置条件。（不告不理） （2）两者同时被申请时，根据《民法典》第47条规定，对同一自然人，有的利害关系人申请宣告死亡，有的利害关系人申请宣告失踪，符合本法规定的宣告死亡条件的，法院应当宣告死亡。	

考点 6　无效的民事法律行为

基本定性	自始、当然、确定无效。
类型	（1）行为能力欠缺。 ①无民事行为能力人实施的民事法律行为无效。 ②限制行为能力人实施的超出其能力范围的单方行为无效（订立遗嘱）。 （2）虚假行为：行为人与相对人以虚假的意思表示实施的民事法律行为无效。 （3）恶意串通：恶意串通损害他人合法权益的民事法律行为无效。 （4）违反强制性规定：违反法律、行政法规的强制性规定的民事法律行为无效。 （5）违背公序良俗：违背公共秩序和善良风俗的民事法律行为无效。
法律后果	（1）停止履行。 （2）返还财产。 （3）赔偿损失。
补正、转换	民事法律行为本来无效，但当事人通过事后补正而使其有效。
部分无效的 民事法律行为	（1）租赁期限超过 20 年的，超过部分无效。 （2）未保留缺乏劳动能力又没有生活来源的继承人的遗产份额，未保留的部分无效。 （3）定金合同超过主合同标的额的 20% 的，超过的部分无效。

考点 7　可撤销的民事法律行为

基本定性		本来有效，经撤销后归于无效。
类型	胁迫	（1）故意预告实施危害。 （2）对方因此陷入恐惧。 （3）对方因恐惧作出不真实的意思表示。 （4）胁迫具有不正当性。 **注意**：一方或者第三人以胁迫手段，使对方在违背真实意思的情况下实施的民事法律行为，受胁迫方有权请求人民法院或者仲裁机构予以撤销。（胁迫零容忍）

续表

类型	重大误解	（1）表意人对合同的要素发生重大误解。 （2）因为误解，致使表意人表示的意思与内心真意不一致。 （3）表意人因误解遭受较大损失。 《最高人民法院关于适用〈中华人民共和国民法典〉总则编若干问题的解释》规定，行为人对行为的性质、对方当事人或者标的物的品种、质量、规格、价格、数量等产生错误认识，按照通常理解如果不发生该错误认识行为人就不会作出相应意思表示的，人民法院可以认定为《民法典》第147条规定的重大误解。行为人能够证明自己实施民事法律行为时存在重大误解，并请求撤销该民事法律行为的，人民法院依法予以支持；但是，根据交易习惯等认定行为人无权请求撤销的除外。行为人以其意思表示存在第三人转达错误为由请求撤销民事法律行为的，适用上述的规定。
	欺诈	（1）一方以欺诈手段，使对方在违背真实意思的情况下实施的民事法律行为。 （2）第三人实施欺诈行为，使一方在违背真实意思的情况下实施的民事法律行为，对方知道或者应当知道该欺诈行为的。 （3）故意告知虚假情况，或者负有告知义务的人故意隐瞒真实情况，致使当事人基于错误认识作出意思表示的。
	显失公平	（1）合同当事人的权利义务明显不对等，违反公平、等价有偿原则。 （2）显失公平的事实发生在合同订立之时。 （3）一方当事人利用自己的优势或者利用对方没有经验、轻率（乘人之危）。
撤销权		《民法典》第152条规定，下列情形之一的，撤销权消灭： （1）当事人自知道或者应当知道撤销事由之日起1年内、重大误解的当事人自知道或者应当知道撤销事由之日起90日内没有行使撤销权； （2）当事人受胁迫，自胁迫行为终止之日起1年内没有行使撤销权； （3）当事人知道撤销事由后明确表示或者以自己的行为表明放弃撤销权。 当事人自民事法律行为发生之日起5年内没有行使撤销权的，撤销权消灭。

考点 8　效力待定的民事法律行为

基本定性	效力处于不确定状态，需要等待第三人确认。
类型	（1）限制民事行为能力人待追认的行为：限制民事行为能力人实施的与其年龄、智力、精神健康状况不相适应的法律行为。 （2）欠缺代理权的代理行为：行为人没有代理权、超越代理权或者代理权终止后，仍然实施的代理行为。
法律后果	（1）第三人的追认权。 ①在无权代理中，追认权人属于被代理人； ②在限制民事行为能力人实施的待追认行为中，追认权属于法定代理人。 （2）相对人的催告权。 相对人可以催告法定代理人（或被代理人）自收到通知之日起在 30 日内予以追认。被催告人未作表示的，视为拒绝追认。 （3）善意相对人的撤销权。 善意相对人在第三人追认之前，可以撤销其意思表示。撤销之后，行为归于无效。

考点 9　代理

无权代理	行为人没有代理权、超越代理权或者代理权终止后，仍然实施代理行为，未经被代理人追认的，对被代理人不发生效力。
	相对人可以催告被代理人自收到通知之日起 30 日内予以追认。被代理人未作表示的，视为拒绝追认。行为人实施的行为被追认前，善意相对人有撤销的权利。撤销应当以通知的方式作出。
	行为人实施的行为未被追认的，善意相对人有权请求行为人履行债务或者就其受到的损害请求行为人赔偿。但是，赔偿的范围不得超过被代理人追认时相对人所能获得的利益。
	相对人知道或者应当知道行为人无权代理的，相对人和行为人按照各自的过错承担责任。
表见代理	行为人没有代理权、超越代理权或者代理权终止后，仍然实施代理行为，相对人有理由相信行为人有代理权的，代理行为有效。

委托代理 的转代理	代理人需要转委托第三人代理的，应当取得被代理人的同意或者追认。
	转委托代理经被代理人同意或者追认的，被代理人可以就代理事务直接指示转委托的第三人，代理人仅就第三人的选任以及对第三人的指示承担责任。
	转委托代理未经被代理人同意或者追认的，代理人应当对转委托的第三人的行为承担责任；但是，在紧急情况下代理人为了维护被代理人的利益需要转委托第三人代理的除外。
违背职责	代理人不履行或者不完全履行职责，造成被代理人损害的，应当承担民事责任。
	代理人和相对人恶意串通，损害被代理人合法权益的，代理人和相对人应当承担连带责任。
违法代理	代理人知道或者应当知道代理事项违法仍然实施代理行为，或者被代理人知道或者应当知道代理人的代理行为违法未作反对表示的，被代理人和代理人应当承担连带责任。
共同代理	两个以上的受托人共同处理委托事务的，对委托人承担连带责任。

考点 10 诉讼时效的期间和计算

期间	3 年。
起算	（1）一般情况：自权利人知道或者应当知道权利受到损害以及义务人之日起计算。 （2）特殊情况。 ①分期履行：最后一期。 ②非完全民事行为能力人对其法定代理人：法定代理终止。 ③未成年人遭受性侵害：年满 18 周岁。 ④有履行期限：履行期限届满。 ⑤不能确定债务履行期限：宽限期。 ⑥合同被撤销后返还财产、赔偿损失：合同被撤销。 ⑦不当得利：知道不当得利事实及对方当事人。 ⑧无因管理：管理人自无因管理行为结束并且知道或者应当知道被管理人；被管理人自知道或者应当知道管理人及损害事实。

续表

中止	在诉讼时效期间的最后 6 个月内，因下列障碍，不能行使请求权的，诉讼时效中止： （1）不可抗力。 （2）无民事行为能力人或者限制民事行为能力人没有法定代理人，或者法定代理人死亡、丧失民事行为能力、丧失代理权。 （3）继承开始后未确定继承人或者遗产管理人。 （4）权利人被义务人或者其他人控制。 （5）其他导致权利人不能行使请求权的障碍。
中断	有下列情形之一的，诉讼时效中断，从中断、有关程序终结时起，诉讼时效期间重新计算： （1）权利人向义务人提出履行请求。 （2）义务人同意履行义务。 （3）权利人提起诉讼或者申请仲裁。 （4）与提起诉讼或者申请仲裁具有同等效力的其他情形。

要点提炼

【专题练习】

1. 根据法律规定，下列哪一种社会关系应由民法调整？
A. 甲请求税务机关退还其多缴的个人所得税
B. 乙手机丢失后发布寻物启事称："拾得者送还手机，本人当面酬谢"
C. 丙对女友书面承诺："如我在上海找到工作，则陪你去欧洲旅游"
D. 丁作为青年志愿者，定期去福利院做帮工

2. 甲单独邀请朋友乙到家中吃饭，乙爽快答应并表示一定赴约。甲为此精心准备，还因炒菜被热油烫伤。但当日乙因其他应酬而未赴约，也未及时告知甲，致使甲准备的饭菜浪费。关于乙对甲的责任，下列哪一说法是正确的？
A. 无须承担法律责任
B. 应承担违约责任
C. 应承担侵权责任
D. 应承担缔约过失责任

3. 王某与李某系夫妻，二人带女儿外出旅游，发生车祸全部遇难，但无法确定死亡的先后时间。下列哪些选项是正确的？
A. 推定王某和李某先于女儿死亡
B. 推定王某和李某同时死亡
C. 王某和李某互不继承

D. 女儿作为第一顺序继承人继承王某和李某的遗产

4. 肖特有音乐天赋，16 岁便不再上学，以演出收入为主要生活来源。肖特成长过程中，多有长辈馈赠：7 岁时受赠口琴 1 个，9 岁时受赠钢琴 1 架，15 岁时受赠名贵小提琴 1 把。对肖特行为能力及其受赠行为效力的判断，根据《民法典》相关规定，下列哪一选项是正确的？

A. 肖特尚不具备完全的民事行为能力
B. 受赠口琴的行为无效，应由其法定代理人代理实施
C. 受赠钢琴的行为无效，因与其当时的年龄智力不相当
D. 受赠小提琴的行为无效，因与其当时的年龄智力不相当

5. 小刘从小就显示出很高的文学天赋，九岁时写了小说《隐形翅膀》，并将该小说的网络传播权转让给某网站。小刘的父母反对该转让行为。下列哪一说法是正确的？

A. 小刘父母享有该小说的著作权，因为小刘是无民事行为能力人
B. 小刘及其父母均不享有著作权，因为该小说未发表
C. 小刘对该小说享有著作权，但网络传播权转让合同无效
D. 小刘对该小说享有著作权，网络传播权转让合同有效

6. 余某与其妻婚后不育，依法收养了孤儿小翠。不久后余某与妻子离婚，小翠由余某抚养。现余某身患重病，为自己和幼女小翠的未来担忧，欲作相应安排。下列哪些选项是正确的？

A. 余某可通过遗嘱指定其父亲在其身故后担任小翠的监护人
B. 余某可与前妻协议确定由前妻担任小翠的监护人
C. 余某可与其堂兄事先协商以书面形式确定堂兄为自己的监护人
D. 如余某病故，应由余某父母担任小翠的监护人

7. 70 周岁的甲早年丧偶，有一对成年子女，均已经独立生活。甲与已丧偶的 50 周岁的乙情投意合，双方签订监护协议，约定："甲向乙支付其本人全部财产的 50%，当甲丧失行为能力时，由乙负责照顾甲。"对此，下列说法正确的是：

A. 甲可以自己选择监护人
B. 甲处分其财产的行为无效
C. 该协议在甲死亡后方发生效力
D. 甲的行为因侵犯其子女的权益而无效

8. 甲、乙为夫妻，长期感情不和。2016 年 5 月 1 日甲乘火车去外地出差，在火车上失踪，没有发现其被害尸体，也没有发现其在何处下车。2022 年 6 月 5 日法院依照法定程序宣告甲死亡。之后，乙向法院起诉要求铁路公司对甲的死亡进行赔偿。关于甲被宣告死亡，下列哪些说法是正确的？

要点提炼

A. 甲的继承人可以继承其财产

B. 甲、乙婚姻关系消灭，且不可能恢复

C. 2022 年 6 月 5 日为甲的死亡日期

D. 铁路公司应当对甲的死亡进行赔偿

9. 甲出境经商下落不明，2021 年 9 月经其妻乙请求被 K 县法院宣告死亡，其后乙未再婚，乙是甲唯一的继承人。2022 年 3 月，乙将家里的一辆轿车赠送给了弟弟丙，交付并办理了过户登记。2022 年 10 月，经商失败的甲返回 K 县，为还债将登记于自己名下的一套夫妻共有住房私自卖给知情的丁；同年 12 月，甲的死亡宣告被撤销。下列哪些选项是正确的？

A. 甲、乙的婚姻关系自撤销死亡宣告之日起自行恢复

B. 乙有权赠与该轿车

C. 丙可不返还该轿车

D. 甲出卖房屋的行为无效

10. 张某和李某设立的甲公司伪造房产证，以优惠价格与乙企业（国有）签订房屋买卖合同，以骗取钱财。乙企业付款后，因甲公司不能交房而始知被骗。关于乙企业可以采取的民事救济措施，下列哪一选项是正确的？

A. 以甲公司实施欺诈损害国家利益为由主张合同无效

B. 只能请求撤销合同

C. 通过乙企业的主管部门主张合同无效

D. 可以请求撤销合同，也可以不请求撤销合同而要求甲公司承担违约责任

11. 甲应乙的请求，帮其发送某商城的销售广告，约定一条短信 0.1 元。后甲购买了伪基站设备，并携带该设备驾车在市区范围内群发广告。随后甲被公安机关抓获。经查，甲群发短信 10 万条，同时还获取了相应手机用户的个人信息，并将信息打包出售给了一家房地产开发公司，获利 1 万元。关于本案，下列说法错误的是：

A. 甲和乙之间的约定无效

B. 甲和乙之间的约定效力待定

C. 甲可以请求乙给付自己 1 万元报酬

D. 甲侵害了他人对其个人信息享有的民事权益

12. 潘某去某地旅游，当地玉石资源丰富，且盛行"赌石"活动，买者购买原石后自行剖切，损益自负。潘某花 5000 元向某商家买了两块原石，切开后发现其中一块为极品玉石，市场估价上百万元。商家深觉不公，要求潘某退还该玉石或补交价款。对此，下列哪一选项是正确的？

A. 商家无权要求潘某退货

B. 商家可基于公平原则要求潘某适当补偿

C. 商家可基于重大误解而主张撤销交易

D. 商家可基于显失公平而主张撤销交易

要点提炼

13. 齐某扮成建筑工人模样，在工地旁摆放一尊廉价购得的旧蟾蜍石雕，冒充新挖出文物等待买主。甲曾以 5000 元从齐某处买过一尊同款石雕，发现被骗后正在和齐某交涉时，乙过来询问。甲有意让乙也上当，以便要回被骗款项，未等齐某开口便对乙说："我之前从他这买了一个貔貅，转手就赚了，这个你不要我就要了。"乙信以为真，以 5000 元买下石雕。关于所涉民事法律行为的效力，下列哪一说法是正确的？

A. 乙可向甲主张撤销其购买行为

B. 乙可向齐某主张撤销其购买行为

C. 甲不得向齐某主张撤销其购买行为

D. 乙的撤销权自购买行为发生之日起 2 年内不行使则消灭

14. 张某、方某共同出资，分别设立甲公司和丙公司。2021 年 3 月 1 日，甲公司与乙公司签订了开发某房地产项目的《合作协议一》，约定如下："甲公司将丙公司 10% 的股权转让给乙公司，乙公司在协议签订之日起三日内向甲公司支付首付款 4000 万元，尾款 1000 万元在次年 3 月 1 日之前付清。首付款用于支付丙公司从某国土部门购买 A 地块土地使用权。如协议签订之日起三个月内丙公司未能获得 A 地块土地使用权致双方合作失败，乙公司有权终止协议。"

《合作协议一》签订后，乙公司经甲公司指示向张某、方某支付了 4000 万元首付款。张某、方某配合甲公司将丙公司的 10% 的股权过户给了乙公司。

关于《合作协议一》，下列表述正确的是：

A. 是无名合同　　　　　　　　B. 对股权转让的约定构成无权处分

C. 效力待定　　　　　　　　　D. 有效

15. 甲前往超市购物途中，恰逢乙牵着自己家的宠物狗迎面走来。宠物狗突然发狂上前追咬甲，路人丙为救甲，拿起旁边丁的伞与宠物狗打斗起来。最后甲得救，丙被狗咬伤，花去医药费 2000 元。关于本案，下列说法正确的是：

A. 丙的行为构成无因管理

B. 丙的行为不构成无因管理

C. 丙可以请求甲支付 2000 元医药费

D. 丙可以请求乙支付 2000 元医药费

16. 甲公司员工唐某受公司委托从乙公司订购一批空气净化机，甲公司对净化机单价未作明确限定。唐某与乙公司私下商定将净化机单价比正常售价提高 200 元，乙公司给唐某每台 100 元的回扣。商定后，唐某以甲公司名义与乙公司签订了买卖合同。对此，下列

要点提炼

哪一选项是正确的?

A. 该买卖合同以合法形式掩盖非法目的,因而无效

B. 唐某的行为属无权代理,买卖合同效力待定

C. 乙公司行为构成对甲公司的欺诈,买卖合同属可变更、可撤销合同

D. 唐某与乙公司恶意串通损害甲公司的利益,应对甲公司承担连带责任

17. 甲公司向乙公司催讨一笔已过诉讼时效期限的 10 万元货款。乙公司书面答复称:"该笔债务已过时效期限,本公司本无义务偿还,但鉴于双方的长期合作关系,可偿还 3 万元。"甲公司遂向法院起诉,要求偿还 10 万元。乙公司接到应诉通知后书面回函甲公司称:"既然你公司起诉,则不再偿还任何货款。"下列哪一选项是正确的?

A. 乙公司的书面答复意味着乙公司需偿还甲公司 3 万元

B. 乙公司的书面答复构成要约

C. 乙公司的书面回函对甲公司有效

D. 乙公司的书面答复表明其丧失了 10 万元的时效利益

18. 甲公司开发的系列楼盘由乙公司负责安装电梯设备。乙公司完工并验收合格投入使用后,甲公司一直未支付工程款,乙公司也未催要。诉讼时效期间届满后,乙公司组织工人到甲公司讨要。因高级管理人员均不在,甲公司新录用的法务小王,擅自以公司名义签署了同意履行付款义务的承诺函,工人们才散去。其后,乙公司提起诉讼。关于本案的诉讼时效,下列哪一说法是正确的?

A. 甲公司仍可主张诉讼时效抗辩

B. 因乙公司提起诉讼,诉讼时效中断

C. 法院可主动适用诉讼时效的规定

D. 因甲公司同意履行债务,其不能再主张诉讼时效抗辩

【专题练习答案及详解】

1. B。 在人类社会生活中，有不受法律调整的社会关系，也有很多受各种不同性质法律调整的社会关系，而民事法律关系是依民法规范确立的法律关系。根据《民法典》第2条，民法调整的社会关系是平等主体之间的财产关系和人身关系。所以依民法规范确立的法律关系也就只能是平等主体之间的关系。平等性是民事法律关系的基本属性，这是民事法律关系区别于行政、刑事法律关系的重要特征。A中，税务机关与纳税人之间的税收征缴法律关系非平等主体之间的关系，故不受民法调整。排除A。需要注意的是，有些社会关系的主体之间即使具有平等性，是当事人之间自主形成的，但如果没有纳入法律调整范围，当然也不是民事法律关系。至于平等主体之间的哪些社会关系可以成为民事法律关系，应该属于一个价值判断问题。就民法的价值判断来看，CD即属于不受法律调整（当然也不受民法调整）的社会关系，即非法律关系。故排除CD。B中，乙手机丢失后发布的寻物启事属于单方允诺，是可以导致债发生的原因，可以因此在乙和送还手机者之间形成债的关系。《民法典》第499条规定，悬赏人以公开方式声明对完成特定行为的人支付报酬的，完成该行为的人可以请求其支付。即受民法调整。综上，B正确。

2. A。《民法典》第133条规定，民事法律行为是民事主体通过意思表示设立、变更、终止民事法律关系的行为。依学界通说，情谊行为是道德层面上的日常社会交往行为，它与法律行为和事实行为在法律意义上有显著区别，情谊行为与法律行为的本质区别主要在于，情谊行为原则上不具有受法律拘束的意思，不具有缔结法律关系的意图，因此情谊行为的行为人对自己的承诺原则上无须承担法律上的给付义务。事实行为是指民事主体主观上并不存在变动民事法律关系的意思，但客观上依民法的规定能够引起民事法律效果的行为，当然，情谊行为虽然其本身不具有法律上的拘束力，但有时可以引发对相对人信赖的保护以及适用侵权责任法律后果，本题中，甲单独邀请朋友乙到家中吃饭，乙爽快答应并表示一定赴约，但当日乙因其他应酬而未赴约，也未及时告知甲，致使甲准备的饭菜浪费，甲还因炒菜被热油烫伤，此为典型的情谊行为，根据题目交代的情节也不会引发事实行为的法律后果，故乙对甲无须承担法律责任，据此，只有A正确。

3. ABCD。《民法典》第1121条第2款规定，相互有继承关系的数人在同一事件中死亡，难以确定死亡时间的，推定没有其他继承人的人先死亡。都有其他继承人，辈份不同的，推定长辈先死亡；辈份相同的，推定同时死亡，相互不发生继承。据此，王某和李某为夫妻，辈份相同，应推定王某和李某同时死亡，同时王某和李某互不继承。由于王某、李某与女儿互为第一顺序继承人，而三者同时死亡，应推定王某和李某作为长辈先死亡，女儿作为晚辈后死亡，并作为第一顺序继承人继承王某和李某的遗产。ABCD均正确。

4. B。《民法典》第18条第2款规定，16周岁以上的未成年人，以自己的劳动收入为主要生活来源的，视为完全民事行为能力人。本题中，肖特16岁便不再上学，但其以演出收入为主要生活来源，应被视为完全民事行为能力人，而A表述太过绝对，错误。《民法典》第20条规定，不满8周岁的未成年人为无民事行为能力人，由其法定代理人代理实施民事法律行为。故本题中，肖特7岁时为无民事行为能力人。《民法典》

第 144 条规定，无民事行为能力人实施的民事法律行为无效。故肖特 7 岁时受赠口琴 1 个的行为属于无效民事法律行为。故 B 正确。《民法典》第 19 条规定，8 周岁以上的未成年人为限制民事行为能力人，实施民事法律行为由其法定代理人代理或者经其法定代理人同意、追认；但是，可以独立实施纯获利益的民事法律行为或者与其年龄、智力相适应的民事法律行为。所以肖特在 9 岁时和 15 岁时均属于限制行为能力人。《民法典》第 145 条第 1 款规定，限制民事行为能力人实施的纯获利益的民事法律行为或者与其年龄、智力、精神健康状况相适应的民事法律行为有效；实施的其他民事法律行为经法定代理人同意或者追认后有效。本题中，肖特 9 岁时受赠钢琴 1 架，15 岁时受赠名贵小提琴 1 把，均属于限制民事行为能力人实施的纯获利益的民事法律行为，故均为有效。据此，CD 均错误。

5. C。《著作权法》第 11 条规定，著作权属于作者。创作作品的自然人是作者。本题中的作品《隐形翅膀》由小刘创作，著作权人应为小刘，故 AB 错误。《民法典》第 19 条规定："八周岁以上的未成年人为限制民事行为能力人，实施民事法律行为由其法定代理人代理或者经其法定代理人同意、追认；但是，可以独立实施纯获利益的民事法律行为或者与其年龄、智力相适应的民事法律行为。"根据前述规定，小刘作为限制民事行为能力人，除纯获利益的民事法律行为或者与其年龄、智力相适应的民事法律行为可以独立实施外，应由其父母作为法定代理人代为处理其小说网络传播权转让事务。故 D 错误。综上，C 正确。

6. ABC。《民法典》第 29 条规定，被监护人的父母担任监护人的，可以通过遗嘱指定监护人。本题中，余某与其妻婚后不育，依法收养了孤儿小翠。不久后余某与妻子离婚，小翠由余某抚养。故余某可通过遗嘱指定其父亲在其身故后担任小翠的监护人，A 正确，当选。《民法典》第 33 条规定，具有完全民事行为能力的成年人，可以与其近亲属、其他愿意担任监护人的个人或者组织事先协商，以书面形式确定自己的监护人，在自己丧失或者部分丧失民事行为能力时，由该监护人履行监护职责。据此，C 正确，当选。《民法典》第 27 条规定，父母是未成年子女的监护人。未成年人的父母已经死亡或者没有监护能力的，由下列有监护能力的人按顺序担任监护人：（1）祖父母、外祖父母；（2）兄、姐；（3）其他愿意担任监护人的个人或者组织，但是须经未成年人住所地的居民委员会、村民委员会或者民政部门同意。《民法典》第 30 条规定，依法具有监护资格的人之间可以协议确定监护人。协议确定监护人应当尊重被监护人的真实意愿。本题中，余某与其妻婚后不育，依法收养了孤儿小翠，形成法律意义上的父母子女关系，该关系不因夫妻离婚而受影响。余某前妻作为小翠的养母，具有对小翠的监护资格，可以与余某协议确定监护人，据此，B 正确，当选。但是，在小翠的养母有监护能力且未丧失监护能力的情形下，余某的父母无权监护，故 D 错误。

7. A。甲、乙之间关于"当甲丧失行为能力时，由乙负责照顾甲"的约定，实际上属于协议监护的约定。具有完全民事行为能力的成年人，可以与其近亲属、其他愿意担任监护人的个人或者有关组织事先协商，并签订书面协议，约定待自己年老、智力衰退等原因导致成为非完全民事行为能力时，由自己选定的人或组织担任监护人。因此，该协议监护的约定是有效的。同时甲处分个人财产，是甲真实的意思表示，并不侵犯甲的子女的权利。D 错误。在协议监护中，作为完全民事行为能力的成年人，有权为自己在未来成为非完全民事行为能力人时选择监护人。A 正确。甲有权处分其个人的财产，其行为应认定为有效。B 错误。协议监护,在双方签订之后即应发生效力。如果待甲死亡后方发生效力,则该协议对甲就没有任何法律意义了。C错误。

8. AC。被宣告死亡的自然人,在其原来的住所地、居所地等活动范围内于民事领域与自然死亡产生同样的法律后果。具体而言,自然人被宣告死亡的,继承关系开始。本题中,甲被宣告死亡,甲的继承人可以依法继承其财产。由此A表达正确,当选。《民法典》第51条规定,被宣告死亡的人的婚姻关系,自死亡宣告之日起消除。死亡宣告被撤销的,婚姻关系自撤销死亡宣告之日起自行恢复。但是,其配偶再婚或者向婚姻登记机关书面声明不愿意恢复的除外。根据上述规定,如果本题中甲后来生还,申请撤销死亡宣告,其配偶乙尚未再婚,则甲、乙的婚姻关系自撤销死亡宣告之日起有可能自行恢复。据此,B中"不可能恢复"的表达错误,不选。《民法典》第48条规定,被宣告死亡的人,人民法院宣告死亡的判决作出之日视为其死亡的日期;因意外事件下落不明宣告死亡的,意外事件发生之日视为其死亡的日期。依该规定,本题中,2022年6月5日法院依照法定程序宣告甲死亡,故2022年6月5日即为甲的死亡日期。据此,C正确,当选。本题中,甲乘火车,与铁路公司成立运输合同。但题目中无证据证明甲失踪是由于承运人履行运输合同造成的,故承运人铁路公司的运输与甲的因失踪而被宣告死亡之间无因果关系,所以铁路公司也无须对甲的死亡承担损害赔偿责任。依此,D错误,不选。

9. ABC。《民法典》第51条规定,被宣告死亡的人的婚姻关系,自死亡宣告之日起消除。死亡宣告被撤销的,婚姻关系自撤销死亡宣告之日起自行恢复。但是,其配偶再婚或者向婚姻登记机关书面声明不愿意恢复的除外。本题中,甲被宣告死亡后,其妻乙未再婚且未向婚姻登记机关书面声明不愿意恢复婚姻关系,甲乙之间的婚姻关系自撤销死亡宣告之日起自行恢复。由此可知本题A正确。在甲经其妻乙请求被K县法院宣告死亡后,因乙是甲唯一的继承人,所以可以继承甲的财产,故乙在继承财产后有权对财产进行处分,由此B正确,当选。《民法典》第53条规定,被撤销死亡宣告的人有权请求依照本法继承编取得其财产的民事主体返还财产;无法返还的,应当给予适当补偿。本题中,乙将家里的一辆轿车赠送给了弟弟丙,交付并办理了过户登记。由于丙非依继承取得该车,故甲无权要求丙返还轿车。由此,C正确,当选。《民法典》第49条规定,自然人被宣告死亡但是并未死亡的,不影响该自然人在被宣告死亡期间实施的民事法律行为的效力。本题中,经商失败的甲返回K县,为还债将登记于自己名下的一套夫妻共有住房私自卖给知情的丁,该行为属于无权处分,无权处分的行为效力未定,题面中也未给出判断该行为有效或者无效的信息,但不能绝对地表述为行为无效。故D的说法太过绝对,不选。

10. D。《民法典》第148条规定,一方以欺诈手段,使对方在违背真实意思的情况下实施的民事法律行为,受欺诈方有权请求人民法院或者仲裁机构予以撤销。本题中,甲公司与乙公司订立的合同中存在明显的欺诈,是可撤销合同,而不是无效合同。故本题中,AC错误。可撤销的合同,在撤销之前是有效的,撤销权人只要没有行使撤销权,则合同就应当按照原来的内容来履行,如果不能履行的,则应当依据合同约定承担违约责任。故B错误,D正确。

11. BC。《民法典》第154条规定:"行为人与相对人恶意串通,损害他人合法权益的民事法律行为无效。"甲乙约定强行向不特定公众发送商业广告,违反网络信息保护规定,侵害不特定公众的利益,应属无效。甲也不得请求乙给付违法所得的 1 万元,A 正确,BC 错误。《民法典》第 111 条规定:"自然人的个人信息受法律保护。任何组织或者个人需要获取他人个人信息的,应当依法取得并确保信息安全,不得非法收集、使用、加工、传输他人个人信息,不得非法买卖、提供或者公开他人个人信息。"故 D 正确。

12. A。《民法典》第 151 条规定,一方利用对方处于危困状态、缺乏判断能力等情形,致使民事法律行为成立时显失公平的,受损害方有权请求人民法院或者仲裁机构予以撤销。由此可以看出,显失公平必须同时具备两个方面的要件:一是客观要件,即双方的权利与义务明显违反公平、等价有偿原则;二是主观要件,即一方当事人利用了优势地位或者利用了对方没有经验或者利用对方处于危困状态、缺乏判断能力等情形。也就是说,如果只有利益悬殊的客观要件,不具有意思表示瑕疵的主观要件,不应认定为法律意义上的显失公平。在"赌石"活动中,素有"三分靠眼力,七分靠运气,一刀穷,一刀富,一刀切出千万元"的说法,本题中,当地玉石资源丰富,且盛行"赌石"活动,商家作为卖方,应事先明知"赌石"实际上是"射幸合同",既然买者购买原石后自行剖切,损益自负,卖者自然亦同。由此可排除 BD。《民法典》第 147 条规定,基于重大误解实施的民事法律行为,行为人有权请求人民法院或者仲裁机构予以撤销。本题中,当地玉石资源丰富,且盛行"赌石"活动,损益自负可以理解为一种行业习惯,商家作为卖方,主张"重大误解"显然不合常理。由此,可排除 C。综上,A 正确。

13. B。《民法典》第 149 条规定,第三人实施欺诈行为,使一方在违背真实意思的情况下实施的民事法律行为,对方知道或者应当知道该欺诈行为的,受欺诈方有权请求人民法院或者仲裁机构予以撤销。本题中,甲对乙实施欺诈,使得乙信以为真,以 5000 元买下齐某的石雕,故受欺诈方乙可向合同的另一方当事人齐某主张撤销其购买行为。故 A 错误,B 正确。《民法典》第 148 条规定,一方以欺诈手段,使对方在违背真实意思的情况下实施的民事法律行为,受欺诈方有权请求人民法院或者仲裁机构予以撤销。本题中,甲曾因为被齐某欺诈以 5000 元从齐某处买过一尊石雕,发现被骗后即和齐某交涉,故受欺诈方甲可与其合同的另一方当事人齐某主张撤销其购买行为。故 C 错误。《民法典》第 152 条规定,当事人自知道或者应当知道受欺诈之日起 1 年内可以行使撤销权,故 D 错误。

14. ABD。无名合同,是指我国法律没有规定其类型和内容的合同。《民法典》第 467 条第 1 款规定,本法或者其他法律没有明文规定的合同,适用本编通则的规定,并可以参照适用本编或者其他法律最相类似合同的规定。本题中所述合同我国法律中没有规定,因此是无名合同,A 正确。丙公司的股权属于张某和方某,因此甲公司处分丙公司 10% 的股权构成无权处分,B 正确。《民法典》第 597 条第 1 款规定,因出卖人未取得处分权致使标的物所有权不能转移的,买受人可以解除合同并请求出卖人承担违约责任。即无权处分合同有效,故 C 错误,D 正确。

15. ACD。《民法典》第 979 条第 1 款规定:"管理人没有法定的或者约定的义务,为避免他人利益受损失而管理他人事务的,可以请求受益人偿还因管理事务而支出的必要费用;管理人因管理事务受到损失的,可以请求受益人给予适当补偿。"丙没有对甲的救助义务,其积极的救助行为属于无因管理,因此其医疗费支出属于管理产生的损失,可以请求受益人甲进行补偿,因此 AC 正确、B 错误。《民法典》第 1245 条规定:"饲养的动物造成他人损害的,动物饲养人或者管理人应当承担侵权责任;但是,能够证明损害是因被侵权人故意或者重大过失造成的，可以不承担或者减轻责任。"乙作为宠物狗的主人，在宠物狗咬人的情况下，应当承担赔偿责任，因此 D 正确。

16. D。本题买卖合同中，唐某是甲公司的代理人，唐某与乙公司私下商定将净化机单价比正常售价提高 200 元，乙公司给唐某每台 100 元的回扣；商定后，唐某以甲公司名义与乙公司签订了买卖合同。此间，无以合法形式掩盖非法目的之行为；唐某受甲公司委托，有代理权，不存在无权代理情形；《民法典》第 148 条规定，一方以欺诈手段，使对方在违背真实意思的情况下实施的民事法律行为，受欺诈方有权请求人民法院或者仲裁机构予以撤销。但本题中乙公司的行为也非对甲公司进行欺诈，所以 ABC 均错误。代理人是以被代理人的名义从事活动，由此产生的一些权利、责任都应归属于被代理人。所以，代理人实施代理行为时应像处理自己的事务一样谨慎、勤勉，尽可能使被代理人得到最大利益，不得以任何方式侵吞被代理人应得的权益。代理人在行使代理权时，违背代理权的设定宗旨和代理行为的基本准则，从事有损被代理人利益的代理行为，属于滥用代理权。本题中，唐某作为甲公司的代理人，与乙公司私下商定将净化机单价比正常售价提高 200 元，乙公司给唐某每台 100 元的回扣，此为明显的恶意串通滥用代理权的行为，必然损害甲公司的利益。《民法典》第 164 条规定，代理人不履行或者不完全履行职责，造成被代理人损害的，应当承担民事责任。代理人和相对人恶意串通，损害被代理人合法权益的，代理人和相对人应当承担连带责任。即唐某与乙公司恶意串通损害甲公司的利益，应对甲公司承担连带责任。由此，D 正确。

17. A。诉讼时效期间届满的债权，它的性质是自然债权，不受法律强制力保护。它所对应的债务也是自然债务。传统上，债权具有给付请求权、给付受领权和债权保护请求权三项权能，在效力上分别体现为债的请求力、保有力和强制执行力。作为法律规定的债务具有上述权能与效力，是一种完全之债，而自然债务系因其欠缺债的部分权能和效力，故有学者称自然债务为不完全债务，并将自然债务定义为"失去法律强制力保护，不得请求强制执行的债务"。因此，就自然债务方面而论，乙公司需要向甲公司清偿 10 万元债务，只是在乙公司提出时效抗辩的情形下，这 10 万元债务甲公司不能请求法院保护而已。《民法典》第 192 条规定，诉讼时效期间届满，义务人可以提出不履行义务的抗辩。诉讼时效期间届满后，义务人同意履行的，不得以诉讼时效期间届满为由抗辩；义务人已自愿履行的，不得请求返还。因此，乙公司书面答复的效力在于其同意履行 3 万元的意思表示使对方的债权具有了法律强制力，甲公司的债权在 3 万元范围内恢复了强制执行力。因此仅从强制执行力方面论，本题 A 正确。由于乙公司仅放弃了 10 万元中 3 万元的时效利益，因此 D 错误。本题中，乙公司的书面回函中"既然你公司起诉，则不再偿还任何货款"的表述在法律上对甲公司是无效的。因为作为自然债务，它仍然是债务，债务既然存在，就有义务偿还。自然债权这个债权，只是在权能上缺乏了一项，而不是债权整体上不存在了。既然债权仍然存在，那么其所对应的义务当然也存在，并没有完全丧失，只是权利人不能请求强制执行这个债务而已。因此，C 错误。本题中，乙公司的书面答复并非为了与甲公司订立合同，而要约是欲与他人订立合同的意思表示，乙公司的书面答复因不具有缔约意图而不构成要约，因此 B 错误。

18. A。《民法典》第 192 条第 2 款规定，诉讼时效期间届满后，义务人同意履行的，不得以诉讼时效期间届满为由抗辩；义务人已经自愿履行的，不得请求返还。本题中，诉讼时效期间届满后，乙公司组织工人到甲公司讨要，作为甲公司新录用的法务小王，擅自以公司名义签署了同意履行付款义务的承诺函，该承诺函构成无权代理，甲公司可主张诉讼时效抗辩。故 A 正确，而 D 错误。诉讼时效中断必须发生在诉讼时效进行期间，在诉讼时效届满后，就不再会发生中断，故 B 错误。《民法典》第 193 条规定，人民法院不得主动适用诉讼时效的规定。故 C 错误。

专题二 物 权

考点 11 物权变动

原则	（1）公示原则：让人知。 （2）公信原则：使人信。
基于民事 法律行为的 物权变动	（1）形式主义：合同生效+公示=取得物权。 ①公示是取得物权的必要条件。 ②适用于取得所有权、建设用地使用权、居住权、不动产抵押权、质押权。 （2）意思主义：合同生效=取得物权。 ①公示不是为了取得物权，而是为了对抗善意第三人。 ②适用于取得土地承包经营权、地役权以及动产抵押权。 （3）区分原则。不公示仅影响物权变动的效果，不影响合同的效力。
非基于民事 法律行为的 物权变动	（1）基于法律文书取得物权：自法律文书生效时，当事人即取得物权。 （2）基于继承取得物权：自继承开始时，当事人即取得物权。 （3）基于合法建造房屋等事实行为取得物权：自事实行为成就时，当事人即取得物权。

考点 12 登记

权利记载冲突	不动产登记簿与权属证书记载不一致的，除有证据证明不动产登记簿确有错误外，以不动产登记簿为准。
登记信息公开	公民、法人或者其他组织对房屋登记机构的房屋登记行为以及与查询、复制登记资料等事项相关的行政行为或者相应的不作为不服的，可以提起行政诉讼。

更正登记与异议登记	（1）权利人、利害关系人认为不动产登记簿记载的事项错误的，可以申请更正登记。 （2）不动产登记簿记载的权利人书面同意更正或者有证据证明登记确有错误的，登记机构应当予以更正。 （3）不动产登记簿记载的权利人不同意更正的，利害关系人可以申请异议登记。 （4）登记机构予以异议登记，申请人自异议登记之日起15日内不起诉的，异议登记失效。 （5）异议登记不当，造成权利人损害的，权利人可以向申请人请求损害赔偿。
预告登记	（1）当事人签订买卖房屋的协议或者签订其他不动产物权的协议，为保障将来实现物权，按照约定可以向登记机构申请预告登记。 （2）预告登记后，未经预告登记的权利人同意，处分该不动产的，不发生物权效力。 （3）预告登记后，债权消灭或者自能够进行不动产登记之日起90日内未申请登记的，预告登记失效。
登记错误赔偿责任	（1）当事人提供虚假材料申请登记，造成他人损害的，应当承担赔偿责任。房屋登记机构未尽合理审慎职责的，应当根据其过错程度及其在损害发生中所起作用承担相应的赔偿责任。 （2）因登记错误，造成他人损害的，登记机构应当承担赔偿责任。登记机构赔偿后，可以向造成登记错误的人追偿。 （3）房屋登记机构工作人员与第三人恶意串通违法登记，侵犯所有权人合法权益的，房屋登记机构与第三人承担连带赔偿责任。

考点 13 交付

简易交付	（1）发生在买方先借用（租赁、保管）后购买的场合下。 （2）买卖合同生效时视为交付。
占有改定	（1）发生在卖方先出卖后借用（租赁、保管）的场合下。 （2）借用合同（租赁合同、保管合同）生效时视为交付。 （3）在设立质权时，不能采用占有改定方式。 （4）在善意取得制度中，占有改定不能导致善意取得的发生。

指示交付	（1）发生在对方购买之前，标的物由第三人占有的场合下。 （2）出卖人与买受人之间有关转让返还原物请求权的协议（通常合并在买卖合同中）生效时视为交付。 （3）在指示交付中，是出卖人指示第三人将标的物交付给买受人；在由出卖人向第三人交付中，是买受人指示出卖人将标的物交付给第三人。

考点 14　物权的保护

返还原物 请求权	特征	（1）请求人为物权人，包括所有权人和他物权人，但是不包括抵押权人。 （2）被请求人为（相对于请求人的）现实的无权占有人，包括无权占有的直接占有人和间接占有人。如果占有人已经丧失占有，则不能对其主张返还请求权。 （3）原物必须存在，即有返还的可能性。
	范围	被请求人应返还原物及孳息。
排除妨害 请求权	特征	（1）行使该权利的人必须为物权人（包括抵押权人）。 （2）妨害人以无权占有以外的方式妨害物权的行使。妨害既可由妨害人的行为造成，亦可由妨害人的物件造成。例如，在他人土地上堆放垃圾、在他人车库门口停放汽车、不动产登记簿上因他人行为产生错误登记、制造超出容忍限度的噪声、被大风刮断树木倒入邻人院内等。 （3）被请求人是对妨害的排除有支配力的人。 （4）提出请求之时，妨害仍在持续中。 （5）妨害具有不法性或者超出正常的容忍限度。
	效力	（1）除去妨害。妨害人须采取措施排除妨害，例如，以违章建筑堵塞通道的，应拆除违章建筑；清理丢弃的垃圾；不再制造噪声。 （2）排除妨害费用的承担： ①妨害人具有过错的，应独自承担排除妨害的费用。 ②妨害人对妨害无过错的（如地震震倒围墙于邻居院中），由双方合理分担排除妨害的费用。

消除危险 请求权	特征	（1）行使该权利的人必须为物权人（包括抵押权人）。 （2）物权的行使具有受到妨害的现实危险。例如，邻居在自己房屋近旁挖坑，具有危及房屋安全的现实可能性；邻居所有的大树欲倾倒在自己房屋上。 （3）被请求人为对危险的除去具有支配力的人。 （4）请求消除危险时，危险仍然存在。
	效力	（1）消除危险。制造危险的相对人应采取预防措施，除去现实危险。消除危险的行为既可以是作为，也可以是不作为。 （2）消除危险的费用，原则上应由相对人负担。若危险的产生系由不可抗力所致，或者危险的原因与请求权人自身具有客观上的关联时，则应参酌个案的具体情况，可以确定由请求人与相对人合理分担。

考点 15　善意取得

善意取得的 构成要件		（1）一个前提：无权处分。 （2）两点效力：第一，受让人依据规定取得不动产或者动产的所有权；第二，原所有权人有权向无处分权人请求损害赔偿。 （3）三个条件：第一，受让人受让该不动产或者动产时是善意；第二，以合理的价格转让；第三，转让的不动产或者动产依照法律规定应当登记的已经登记，不需要登记的已经交付给受让人。
效果	物权效果	善意受让人取得不动产或者动产后，原有权利消灭。受让人善意取得不动产或者动产的所有权，此时原所有权人无权请求善意第三人返还原物。
	债权效果	原所有权人有权向无处分权人请求损害赔偿。
	扩张适用	当事人善意取得其他物权的，参照适用善意取得。
例外		对盗赃物、遗失物、漂流物、埋藏物这些占有脱离物，其占有人实施无权处分的，原则上不发生善意取得的效果。但有两个例外：（1）货币、无记名有价证券适用"占有即取得所有权"的规则。（2）遗失物可以善意取得留置权。

考点 16　遗失物

义务		拾得人的义务及责任：应当通知权利人领取，或者送交公安等有关部门。在被领取前或送交有关部门前，应当妥善保管。因故意或者重大过失致使遗失物毁损、灭失的，应当承担民事责任。
权利	必要费用求偿	请求支付保管等必要费用。
	单方允诺之债	遗失物所有人发布悬赏广告的，拾得人可要求其依此支付，其拒不支付的，拾得人可以留置遗失物。
	权利丧失	若拾得人侵占遗失物的，其无权请求保管遗失物等支出的费用，也无权请求权利人按照承诺履行义务。
归属		（1）有权利人的，物归原主。 （2）遗失物自发布招领公告之日起 1 年内无人认领的，归国家所有。
效果		遗失物通过转让被他人占有的，权利人有权向无处分权人请求损害赔偿，或者自知道或者应当知道受让人之日起 2 年内向受让人请求返还原物；但是，受让人通过拍卖或者向具有经营资格的经营者购得该遗失物的，权利人请求返还原物时应当支付受让人所付的费用。权利人向受让人支付所付费用后，有权向无处分权人追偿。
其他		拾得漂流物、发现埋藏物或者隐藏物的，参照适用拾得遗失物的有关规定。法律另有规定的，依照其规定。

考点 17　按份共有

推定		（1）除共有人具有家庭关系等外，对共有物没有约定或者约定不明确的，视为按份共有。 （2）对共有物的份额，没有约定或者约定不明确的，按照出资额确定；不能确定出资额的，视为等额享有。
内部关系	占有、使用、收益	（1）权利的行使及于共有物的全部。 （2）协商一致处理，不一致按照拥有共有份额 2/3 以上的共有人的意见办理，但不得损害其他共有人的利益。
	处分	（1）有权行使对自己所有的份额转让、设定担保、抛弃其份额等处分行为。 （2）处分共有物或者对共有物进行重大修缮，除另有约定，须经 2/3 以上按份共有人同意。

内部关系	管理	保存行为	共有人皆可行使。
		改良行为	需要拥有共有份额 2/3 以上共有人同意。
	费用负担		对共有物的管理费用以及其他负担，有约定的，按照约定；没有约定或者约定不明确的，按份共有人按照其份额负担。
	优先购买权		当共有人将自己份额转让给共有人以外的人时，其他共有人在同等条件下享有优先购买权。 （1）不适用优先购买权的情形。 ①共有份额的权利主体因继承、遗赠等原因发生变化时，其他按份共有人不得主张优先购买权，共有人之间另有约定的除外。 ②按份共有人之间转让共有份额，其他按份共有人不得主张优先购买权，共有人之间另有约定的除外。 （2）"同等条件"的认定。 应综合共有份额的转让价格、价款履行方式及期限等因素确定。 （3）多个按份共有人主张优先购买权的处理。 两个以上按份共有人主张优先购买且协商不成时，应按照转让时各自份额比例行使优先购买权。
外部关系			共有人享有连带债权、承担连带债务，但法律另有规定或者第三人知道共有人不具有连带债权债务关系的除外。

考点 18　共同共有

特征	（1）共同共有是不分份额的共有。在共同共有关系存续期间，各共有人对共有物享受的权利与承担的义务没有份额之分。 （2）共同共有的发生以共有人之间存在共同关系为前提。如夫妻关系、家庭关系、遗产分割前的共同继承人关系。 （3）共同共有人平等地享有权利和承担义务。

内部关系	（1）使用收益：共有人之间享有平等的权利和义务。 （2）共有财产的处分和重大修缮：须经全体共有人一致同意。需要明确两点：①这里的处分是指导致物权变动的原因行为，包括法律处分行为，如买卖、设立抵押等行为，也包括事实处分行为，如消费、毁灭等。但不包括出租、出借等设立债权的负担行为。②共有人违反法律规定擅自对共有物进行处分，构成无权处分，适用善意取得制度。 （3）共同管理：共有人按照约定管理共有物，没有明确约定的，各共有人都有管理的权利，也有管理的义务。 （4）不得分割共有物：共同共有在共同关系存续中，各共有人不得请求分割共有物，有重大理由的除外。
外部关系	因共有的不动产或者动产产生的债权债务，在对外关系上，共有人享有连带债权、承担连带债务，但法律另有规定或者第三人知道共有人不具有连带债权债务关系的除外。
分割	（1）共有人约定不得分割共有的不动产或者动产，以维持共有关系的，应当按照约定。但共有人有重大理由需要分割的，仍然可以请求分割。 （2）没有约定或者约定不明确的，共同共有人在共有的基础丧失或者有重大理由需要分割时可以请求分割。因分割对其他共有人造成损害的，应当给予赔偿。

考点 19　土地承包经营权

概念	（1）设立土地承包经营权，只能用于农业生产。 （2）承包方式分为家庭方式承包和其他方式承包。
设立、转让 与继承	（1）自土地承包经营权合同生效时设立，承包人取得土地承包经营权。 （2）土地承包经营权的互换实行意思主义，对方自土地承包经营权转让合同生效时取得土地承包经营权，未经登记，不得对抗善意第三人。 （3）只有林地的承包经营权可以继承，耕地、草地的承包经营权，不可以继承；土地上的收益均可以继承。
土地经营权	（1）土地承包经营权人采取互换、转让方式流转权利的，对方当事人享有的权利仍然称为土地承包经营权，原土地承包经营权人所享有的土地承包经营权归于消灭。 （2）土地承包经营权人采取出租、入股等方式流转权利的，对方当事人享有的权利则称为土地经营权，原土地承包经营权人所享有的土地承包经营权并不消灭。

考点 20　建筑物区分所用权

主体	权利	例外
建筑物内的住宅、经营性用房等专有部分。	业主享有所有权。	
建筑物专有部分以外的共有部分。	业主享有共有和共同管理的权利。 业主享有权利，承担义务；不得以放弃权利不履行义务。	
转让建筑物内的住宅、经营性用房。	业主对共有部分享有的共有和共同管理的权利一并转让。	
建筑区划内的道路。	业主共有。	属于城镇公共道路的除外。
建筑区划内的绿地。	业主共有。	属于城镇公共绿地或者明示属于个人的除外。
建筑区划内的其他公共场所、公用设施和物业服务用房。	业主共有。	
占用业主共有的道路或者其他场地用于停放汽车的车位。	业主共有。	
建筑物及其附属设施的维修资金。	业主共有。	

考点 21　居住权

概念	只能占有、使用，用于居住。
设立	（1）实行形式主义，居住权合同+登记，对方才能取得居住权。 （2）居住权合同是无偿行为、要式行为。
具体制度	（1）居住权不得转让、继承。 （2）设立居住权的住宅不得出租，但是当事人另有约定的除外。 （3）居住权期限届满或者居住权人死亡的，居住权消灭。

考点 22　地役权

概念		地役权是不动产所有人或者使用人为某特定不动产的便利而使用他人不动产，使其负有一定负担的用益物权。其中，享有使用便利的不动产称为需役地，提供便利的不动产称为供役地。
取得		（1）基于法律行为而取得地役权的，如根据地役权合同。设立地役权，当事人应当采取书面形式订立地役权合同。地役权自地役权合同生效时设立。未经登记，不得对抗善意第三人。 （2）地役权也可以基于让与而取得。但是由于地役权的从属性，地役权的让与应与需役地的让与共同为之，并亦应有书面合同。 （3）基于法律行为以外的原因取得地役权的，如继承。
特征	从属性	地役权必须与需役地所有权或者使用权一同转移，不能与需役地分离让与。
	不可分性	主要体现在两个方面：地役权不因需役地的分割或者部分转让而受影响；也不因为供役地的分割或者部分转让而受影响。
期限		不得超过用益物权的剩余期限。
设立		地役权自地役权合同生效时设立，当事人要求登记的，可以向登记机构申请地役权登记；未经登记，不得对抗善意第三人。
地役权合同解除		供役地权利人解除地役权关系。在下列两种情形下，地役权因供役地权利人解除地役权关系而消灭：（1）地役权人违反法律规定或者合同约定，滥用地役权； （2）有偿利用供役地，约定的付款期间届满后在合理期限内经两次催告未支付费用。

考点 23　抵押权

特点	（1）抵押权的标的物主要是债务人或第三人提供担保的财产。 （2）抵押权不转移标的物占有。 （3）抵押权原则上是意定担保物权。

设立	抵押合同必须以书面形式订立。
	流押禁止条款：抵押权人在债务履行期限届满前，与抵押人约定债务人不履行到期债务时抵押财产归债权人所有的，只能依法就抵押财产优先受偿。
	登记： （1）登记作为生效要件：不动产，但法律另有规定的除外。依法属于国家所有的自然资源，所有权可以不登记。 （2）登记作为对抗要件：以动产抵押的，抵押权自抵押合同生效时设立；未经登记，不得对抗善意第三人。 （3）登记具有绝对效力，其内容与抵押合同的约定不一致的，以登记为准。
不得用以抵押的财产	（1）土地所有权。（不可流通） （2）宅基地、自留地、自留山等集体所有土地的使用权，但是法律有特别规定的除外。 注意：《土地管理法》第63条第3款规定："通过出让等方式取得的集体经营性建设用地使用权可以转让、互换、出资、赠与或者抵押，但法律、行政法规另有规定或者土地所有权人、土地使用权人签订的书面合同另有约定的除外。" （3）学校、幼儿园、医疗机构等为公益目的成立的非营利法人的教育设施、医疗卫生设施和其他公益设施。 例外：①在购入或者以融资租赁方式承租教育设施、医疗卫生设施、养老服务设施和其他公益设施时，出卖人、出租人为担保价款或者租金实现而在该公益设施上保留所有权。②以教育设施、医疗卫生设施、养老服务设施和其他公益设施以外的不动产、动产或者财产权利设立担保物权。 （4）所有权、使用权不明或有争议的财产。 （5）依法被查封、扣押、监管的财产。 （6）法律、行政法规规定不得抵押的其他财产。
担保的范围	有约定的，依照约定。没有约定的，担保范围包括主债权及其利息、违约金、损害赔偿金、保管担保财产和实现抵押权的费用。

效力	对标的物的效力： （1）抵押效力及于从物。 （2）对孳息的效力：债务人不履行到期债务或者发生当事人约定的实现抵押权的情形，致使抵押物被人民法院依法扣押的，自扣押之日起，抵押权人有权收取由抵押物分离的天然孳息或者法定孳息，但是抵押权人未通知应当清偿法定孳息义务人的除外。收取的孳息首先充抵收取孳息的费用，其次是主债权的利息，最后是主债权。 （3）对添附物的效力：添附物归第三人时适用物上代位的有关规定。添附物归抵押人所有时抵押权及于整个抵押物。 （4）对共有物的效力：共有时，抵押权及于抵押人的份额。
	对抵押人的效力——抵押人的权利： （1）占有、使用、收益的权利。 （2）处分权：转让标的物的权利（须经抵押权人同意）；就标的物再次设定抵押权或者质权等担保物权；就抵押物为他人设定用益物权。
	对抵押权人的效力——抵押权人的权利： （1）抵押权的保全。 抵押人的行为足以使抵押财产价值减少的，抵押权人有权请求抵押人停止其行为；抵押财产价值减少的，抵押权人有权请求恢复抵押财产的价值，或者提供与减少的价值相应的担保。抵押人不恢复抵押财产的价值，也不提供担保的，抵押权人有权请求债务人提前清偿债务。 （2）处分抵押物的权利。 在债权到清偿期而未受到清偿时，债权人有权将标的物进行处分以受偿。 （3）优先受偿权。
抵押权的实现	抵押权实现的要件： （1）须抵押权有效存在。 （2）须债务已届清偿期。 （3）须债务人未清偿债务。
	抵押权的实现方式有三种，分别是折价、拍卖、变卖。

考点 24　动产浮动抵押

特点	（1）主体的特定性。抵押人限于企业、个体工商户、农业生产经营者。 （2）财产的集合性。抵押财产是经营者所有的集合动产，包括现有或者将有的生产设备、原材料、半成品、产品。 （3）财产的不特定性。抵押财产的范围和价值具有变动性。 （4）财产的可让与性。在抵押期间，未出现实现抵押权的情形时，抵押人可以不经抵押权人的允许，在正常的经营活动中转让抵押物。
抵押财产确定	（1）债务履行期届满，债权未实现。 （2）抵押人被宣告破产或者被撤销。 （3）当事人约定的实现抵押权的情形。 （4）严重影响债权实现的其他情形。
规则	（1）应当向抵押人住所地的市场监督管理部门办理登记。 （2）抵押权自抵押合同生效时设立；未经登记，不得对抗善意第三人。 （3）不得对抗正常经营活动中已支付合理价款并取得抵押财产的买受人。

考点 25　质权

特征	具有一切担保物权具有的共同特征——从属性、不可分性和物上代位性。
	质权的标的是动产和可转让的权利，不动产不能设定质权。 质权因此分为动产质权和权利质权。
	质权是移转质物的占有的担保物权，质权以占有标的物为成立要件。
设立	交付是质权的成立要件。
	交付包括现实交付、指示交付和简易交付，但不包括占有改定。
	交付的标的物与合同约定不一致的，以交付的为准。
担保的债权	有约定的依约定，没有约定的，质押担保的范围包括主债权及利息、违约金、损害赔偿金、质物保管费用和实现质权的费用。

动产质权的效力	对标的物的效力		（1）从物的效力：质权的效力及于从物，但是从物没有交付的，对从物无效。 （2）对孳息：质权人有权收取孳息，以孳息清偿收取孳息的费用、利息和主债权。
	对质权人的效力	质权人的权利	（1）占有质物，质权人有权在债权受清偿前占有质物。 （2）收取孳息。 （3）转质。 （4）处分质物并就其价金优先受偿。 （5）费用支付请求权。有请求出质人支付保管标的物之费用的权利。 （6）保全质权的权利。因不可归责于质权人的事由可能使质押财产毁损或者价值明显减少，足以危害质权人权利的，质权人有权请求出质人提供相应的担保。出质人不提供的，质权人可以拍卖、变卖质押财产，并与出质人协议将拍卖、变卖所得的价款提前清偿债务或者提存。
		质权人的义务	（1）保管标的物。 （2）返还质物的义务——质权消灭时。
	对出质人的效力	出质人的权利	（1）出质人在质权人因保管不善致使质物毁损、灭失时，有权要求质权人承担民事责任。 （2）质权人的行为可能使质押财产毁损、灭失的，出质人可以请求质权人将质押财产提存，或者请求提前清偿债务并返还质押财产。 （3）质权人在质权存续期间，未经出质人同意转质，造成质押财产毁损、灭失的，应当承担赔偿责任。 （4）债务人履行债务或者出质人提前清偿所担保的债权的，质权人应当返还质押财产。 （5）出质人请求质权人及时行使质权，因质权人怠于行使权利造成出质人损害的，由质权人承担赔偿责任。

权利质权	可以出质的权利类型: (1) 汇票、本票、支票、债券、存款单、仓单、提单。 (2) 可以转让的基金份额、股权、现有的以及将有的应收账款。 (3) 可以转让的注册商标专用权、专利权、著作权等知识产权中的财产权。
	权利质权的成立要件和对抗要件: (1) 有权利凭证——交付; 无权利凭证——登记。 以汇票、本票、支票、债券、存款单、仓单、提单出质的, 质权自权利凭证交付质权人时设立; 没有权利凭证的, 质权自办理出质登记时设立。法律另有规定的, 依照其规定。 (2) 登记作为成立要件。 ①以基金份额、股权出质的, 质权自办理出质登记时设立。 ②以注册商标专用权、专利权、著作权等知识产权中的财产权出质的, 质权自办理出质登记时设立。 ③以应收账款出质的, 质权自办理出质登记时设立。
其他规定	(1) 汇票、本票、支票、债券、存款单、仓单、提单的兑现日期或者提货日期先于主债权到期的, 质权人可以兑现或者提货, 并与出质人协议将兑现的价款或者提取的货物提前清偿债务或者提存。 (2) 知识产权中的财产权出质后, 出质人不得转让或者许可他人使用, 但是出质人与质权人协商同意的除外。出质人转让或者许可他人使用出质的知识产权中的财产权所得的价款, 应当向质权人提前清偿债务或者提存。

考点 26　留置权

概述	(1) 留置权是债权人就其依法占有的债务人的动产, 在债务人逾期不履行债务时, 有留置该财产以迫使债务人履行债务, 并在债务人仍不履行债务时就该财产优先受偿的权利。 (2) 留置权是以动产为标的物的担保物权。 (3) 留置权的作用, 在于担保债权受偿, 而不在于对物的使用、收益, 因此留置权是一种担保物权。 (4) 留置权是一种法定担保物权。留置权在符合一定的条件时, 依法律的规定产生, 而不是依当事人之间的协议设定。

成立要件	积极要件	（1）债务人未履行到期债务。例外规定：债务人丧失支付能力或者被宣告破产的，即使债务的履行期尚未届至，债权人可以提前行使留置权，这种留置权称为"紧急留置权"。 （2）债权人合法占有债务人的动产。 （3）债权人占有的动产与所担保的债权属于同一法律关系。
	消极要件	（1）因侵权行为取得动产占有的。 （2）当事人约定不得留置的。 （3）留置不得违反公共秩序或善良风俗。 （4）留置不得与留置人所承担的义务相抵触。
留置权人的权利		（1）留置并占有动产的权利。留置物为可分物的，留置财产的价值应当相当于债务的金额。留置物为不可分物的，留置权人可以就留置物的全部行使留置权。 （2）优先受偿的权利。优先受偿权的行使受到债务履行宽限期的限制，只有在宽限期满后债务人仍未履行债务的，留置权人才可以行使优先受偿权。 ①对宽限期有约定的，按照约定。但是该宽展期不得少于60日。 ②没有约定的，留置权人应当确定60日以上的宽限期。但标的物属于鲜活易腐等不易保管的动产的，留置权人可以径行实行优先受偿权，不受60日以上期限的限制。 （3）其他权利。 ①收取留置物所产生的孳息。**注意**：仅为"收取"而非"取得"。 ②为保管之目的而使用留置物。
留置权人的义务		（1）妥善保管留置物的义务。 （2）不得擅自使用、出租或处分留置财产的义务。 （3）经债务人的请求及时行使留置权。 （4）留置权消灭后返还留置财产的义务。
商事留置		（1）双方必须均为企业。 （2）留置权人必须基于营业关系而占有对方的动产。 （3）留置的动产与所担保的债权"不必属于"同一法律关系。
效力		同一动产上已设立抵押权或者质权，该动产又被留置的，留置权人优先受偿。

续表

消灭	（1）主债权消灭。 （2）留置权实现。 （3）留置物灭失。 （4）债务人另行提供担保并被债权人接受。 （5）留置权人对留置财产丧失占有。

考点 27　担保物权的竞合与混合担保

担保物权的竞合	（1）抵押权与质权竞合：按照登记、交付的时间先后确定清偿顺序。 （2）同一财产之上先设立了抵押权，后该财产又被留置；或者同一财产之上先设立了质权，后该财产又被留置：留置权人均优先。 （3）抵押权、质权、留置权的竞合：留置权最优先，抵押权与质权之间，按照登记、交付的时间确定先后顺序。 （4）价款债权抵押权中，如果抵押权是标的物交付后 10 日内办理登记的，则抵押权优先于其他担保物权，但如果遇到留置权，则留置权优先。
混合担保	被担保的债权既有物的担保又有人的担保的，债务人不履行到期债务或者发生当事人约定的实现担保物权的情形，债权人应当按照约定实现债权；没有约定或者约定不明确，债务人自己提供物的担保的，债权人应当先就该物的担保实现债权；第三人提供物的担保的，债权人可以就物的担保实现债权，也可以请求保证人承担保证责任。提供担保的第三人承担担保责任后，有权向债务人追偿。

考点 28　占有

善意占有和恶意 占有的区分	（1）保管、维修等必要费用：善意占有人可以主张，恶意占有人则不可。 （2）无权占有的标的物因"使用"遭受损害的，恶意占有人应当承担赔偿责任；善意占有人不承担赔偿责任。 （3）无权占有的标的物毁损、灭失的，无权占有人均应返还补偿金、赔偿金或者保险金。没有补偿金、赔偿金或者保险金，或者尚有损失没有得到弥补的，善意的自主占有人，"不论是否具有过错"，均不承担损害赔偿责任；恶意占有人（无论自主、他主占有）"不论是否具有过错"，均应承担损害赔偿责任。 另外，无权占有，除相反证据证明外，推定为善意占有。
补充说明	（1）无论善意占有人还是恶意占有人，都应返还原物和孳息。 （2）只有善意占有人有权要求支付必要费用。 （3）无论善意占有人还是恶意占有人，对占有物都有使用权（物尽其用）。 （4）只有恶意占有人承担赔偿责任。 （5）如有代位物，无论善意占有人还是恶意占有人，都应返还代位物。 （6）对于代位物的损毁、灭失，只有恶意占有人须赔偿损失。

占有保护请求权	占有返还请求权	自侵占发生之日起 1 年内未行使，请求权消灭。（除斥期间）
	排除妨碍或者 消除危险请求权	无期限限制。
	损害赔偿请求权	适用一般诉讼时效。

要点提炼

【专题练习】

1. 2021 年 5 月，甲向乙短期借款，将汽车抵押给乙作为担保，但未办理抵押登记。同年 6 月，甲与丙订立买卖合同，将该车所有权转让给丙，未实际交付，也未办理过户登记，约定甲继续有偿使用 2 个月。同年 7 月，甲驾车发生交通事故，将车送至丁的修车行修理，修理完毕后，甲未前来取车，也未付修理费。对此，下列说法错误的是：

A. 未办理抵押登记，不影响乙依生效抵押合同取得抵押权

B. 未实际交付，也未办理过户登记，不影响丙取得该车所有权

C. 修车费与汽车价值相差太大，丁不能行使留置权

D. 该车已不是甲的财产，丁不能行使留置权

2. 金牛山一带有陨石坠落，当地村民寻获后卖给闻讯而来的收藏者，获利颇丰。潘某路过村民肖某家菜地时拾得一小块陨石，肖某知道后向潘某索要遭拒绝。关于该陨石所有权的归属，下列说法正确的是：

A. 陨石所有权归国家所有

B. 潘某拾得陨石行为不应由民法调整

C. 潘某可取得陨石所有权

D. 肖某可取得陨石所有权

3. 刘某借用张某的名义购买房屋后，将房屋登记在张某名下。双方约定该房屋归刘某所有，房屋由刘某使用，产权证由刘某保存。后刘某、张某因房屋所有权归属发生争议。关于刘某的权利主张，下列哪些表述是正确的？

A. 可直接向登记机构申请更正登记

B. 可向登记机构申请异议登记

C. 可向法院请求确认其为所有权人

D. 可依据法院确认其为所有权人的判决请求登记机关变更登记

4. 庞某有 1 辆名牌自行车，在借给黄某使用期间，达成转让协议，黄某以 8000 元的价格购买该自行车。次日，黄某又将该自行车以 9000 元的价格转卖给了洪某，但约定由黄某继续使用 1 个月。关于该自行车的归属，下列哪一选项是正确的？

A. 庞某未完成交付，该自行车仍归庞某所有

B. 黄某构成无权处分，洪某不能取得自行车所有权

C. 洪某在黄某继续使用 1 个月后，取得该自行车所有权

D. 庞某既不能向黄某，也不能向洪某主张原物返还请求权

5. 甲将 1 套房屋出卖给乙，已经移转占有，没有办理房屋所有权移转登记。现甲死亡，该房屋由其子丙继承。丙在继承房屋后又将该房屋出卖给丁，并办理了房屋所有权移转登记。下列哪些表述是正确的？

A. 乙虽然没有取得房屋所有权，但是基于甲的意思取得占有，乙为有权占有

B. 乙可以对甲的继承人丙主张有权占有

C. 在丁取得房屋所有权后，乙可以以占有有正当权利来源对丁主张有权占有

D. 在丁取得房屋所有权后，丁可以基于其所有权请求乙返还房屋

6. 甲将一套房屋转让给乙，乙再转让给丙，相继办理了房屋过户登记。丙翻建房屋时在地下挖出一瓷瓶，经查为甲的祖父埋藏，甲是其祖父唯一继承人。丙将该瓷瓶以市价卖给不知情的丁，双方钱物交割完毕。现甲、乙均向丙和丁主张权利。下列哪一选项是正确的？

A. 甲有权向丙请求损害赔偿　　　　　　B. 乙有权向丙请求损害赔偿

C. 甲、乙有权主张丙、丁买卖无效　　　D. 丁善意取得瓷瓶的所有权

7. 顺风电器租赁公司将一台电脑出租给张某，租期为 2 年。在租赁期间内，张某谎称电脑是自己的，分别以市价与甲、乙、丙签订了三份电脑买卖合同并收取了三份价款，但张某把电脑实际交付给了乙。后乙的这台电脑被李某拾得，因暂时找不到失主，李某将电脑出租给王某获得很高收益。王某租用该电脑时出了故障，遂将电脑交给康成电脑维修公司维修。王某和李某就维修费的承担发生争执。康成公司因未收到修理费而将电脑留置，并告知王某如 7 天内不交费，将变卖电脑抵债。李某听闻后，于当日潜入康成公司偷回电脑。

关于张某与甲、乙、丙的合同效力，下列选项正确的是：

A. 张某非电脑所有权人，其出卖为无权处分，与甲、乙、丙签订的合同无效

B. 张某是合法占有人，其与甲、乙、丙签订的合同有效

C. 乙接受了张某的交付，取得电脑所有权

D. 张某不能履行对甲、丙的合同义务，应分别承担违约责任

8. 方某将一行李遗忘在出租车上，立即发布寻物启事，言明愿以 2000 元现金酬谢返还行李者。出租车司机李某发现该行李及获悉寻物启事后即与方某联系。现方某拒绝支付2000 元给李某。下列哪一表述是正确的？

A. 方某享有所有物返还请求权，李某有义务返还该行李，故方某可不支付 2000 元酬金

B. 如果方某不支付 2000 元酬金，李某可行使留置权拒绝返还该行李

C. 如果方某未曾发布寻物启事，则其可不支付任何报酬或费用

D. 既然方某发布了寻物启事，则其必须支付酬金

9. 甲、乙、丙、丁按份共有某商铺，各自份额均为 25%。因经营理念发生分歧，甲与丙商定将其份额以 100 万元转让给丙，通知了乙、丁；乙与第三人戊约定将其份额以 120 万元转让给戊，未通知甲、丙、丁。下列哪些选项是正确的？

A. 乙、丁对甲的份额享有优先购买权

B. 甲、丙、丁对乙的份额享有优先购买权

C. 如甲、丙均对乙的份额主张优先购买权，双方可协商确定各自购买的份额

D. 丙、丁可仅请求认定乙与戊之间的份额转让合同无效

10. 关于共有，下列哪些表述是正确的？

A. 对于共有财产，部分共有人主张按份共有，部分共有人主张共同共有，如不能证明财产是按份共有的，应当认定为共同共有

B. 按份共有人对共有不动产或者动产享有的份额，没有约定或者约定不明确的，按照出资额确定；不能确定出资额的，视为等额享有

C. 夫或妻在处理夫妻共同财产上权利平等，因日常生活需要而处理夫妻共同财产的，任何一方均有权决定

D. 对共有物的分割，当事人没有约定或者约定不明确的，按份共有人可以随时请求分割，共同共有人在共有的基础丧失或者有重大理由需要分割时可以请求分割

11. 村民胡某承包了一块农民集体所有的耕地，订立了土地承包经营权合同，未办理确权登记。胡某因常年在外，便与同村村民周某订立土地承包经营权转让合同，将地交周某耕种，未办理变更登记。关于该土地承包经营权，下列哪一说法是正确的？

A. 未经登记不得处分

B. 自土地承包经营权合同生效时设立

C. 其转让合同自完成变更登记时起生效

D. 其转让未经登记不发生效力

12. 蒋某是 C 市某住宅小区 6 栋 3 单元 502 号房业主，入住后面临下列法律问题，请根据相关事实予以解答。请回答（1）～（3）题。

（1）小区地下停车场设有车位 500 个，开发商销售了 300 个，另 200 个用于出租。蒋某购房时未买车位，现因购车需使用车位。下列选项正确的是：

A. 蒋某等业主对地下停车场享有业主共有权

B. 如小区其他业主出售车位，蒋某等无车位业主在同等条件下享有优先购买权

C. 开发商出租车位，应优先满足蒋某等无车位业主的需要

D. 小区业主如出售房屋，其所购车位应一同转让

（2）该小区业主田某将其位于一楼的住宅用于开办茶馆，蒋某认为此举不妥，交涉无果后向法院起诉，要求田某停止开办。下列选项正确的是：

要点提炼

A. 如蒋某是同一栋住宅楼的业主，法院应支持其请求

B. 如蒋某能证明因田某开办茶馆而影响其房屋价值，法院应支持其请求

C. 如蒋某能证明因田某开办茶馆而影响其生活质量，法院应支持其请求

D. 如田某能证明其开办茶馆得到多数有利害关系业主的同意，法院应驳回蒋某的请求

（3）对小区其他业主的下列行为，蒋某有权提起诉讼的是：

A. 5 栋某业主任意弃置垃圾

B. 7 栋某业主违反规定饲养动物

C. 8 栋顶楼某业主违章搭建楼顶花房

D. 楼上邻居因不当装修损坏蒋某家天花板

13. 甲为九旬老人，一直受邻居乙照顾，想将房租赠予乙，担心子女不同意，经咨询律师，拟为乙设定房屋居住权。对此，下列说法正确的是：

A. 乙死亡后，居住权不得继承

B. 甲可以以口头或书面形式设定居住权

C. 居住权合同生效后，未经登记，乙的居住权不得对抗善意第三人

D. 居住权设定后，乙可以将居住权转让给他人

14. 2021 年 2 月，A 地块使用权人甲公司与 B 地块使用权人乙公司约定，由甲公司在 B 地块上修路。同年 4 月，甲公司将 A 地块过户给丙公司，同年 6 月，乙公司将 B 地块过户给不知上述情形的丁公司。下列哪些表述是正确的？

A. 2021 年 2 月，甲公司对乙公司的 B 地块享有地役权

B. 2021 年 4 月，丙公司对乙公司的 B 地块享有地役权

C. 2021 年 6 月，甲公司对丁公司的 B 地块享有地役权

D. 2021 年 6 月，丙公司对丁公司的 B 地块享有地役权

15. 甲乙为夫妻，共有一套房屋登记在甲名下。乙瞒着甲向丙借款 100 万元供个人使用，并将房屋抵押给丙。在签订抵押合同和办理抵押登记时乙冒用甲的名字签字。现甲主张借款和抵押均无效。下列哪一表述是正确的？

A. 抵押合同无效

B. 借款合同无效

C. 甲对 100 万元借款应负连带还款义务

D. 甲可请求撤销丙的抵押权

16. 黄河公司以其房屋作抵押，先后向甲银行借款 100 万元，乙银行借款 300 万元，丙银行借款 500 万元，并依次办理了抵押登记。后丙银行与甲银行商定交换各自抵押权的顺位，并办理了变更登记，但乙银行并不知情。因黄河公司无力偿还三家银行的到期债

务，银行拍卖其房屋，仅得价款 600 万元。关于三家银行对该价款的分配，下列哪一选项是正确的？

A. 甲银行 100 万元、乙银行 300 万元、丙银行 200 万元
B. 甲银行得不到清偿、乙银行 100 万元、丙银行 500 万元
C. 甲银行得不到清偿、乙银行 300 万元、丙银行 300 万元
D. 甲银行 100 万元、乙银行 200 万元、丙银行 300 万元

17. 甲以自有房屋向乙银行抵押借款，办理了抵押登记。丙因甲欠钱不还，强行进入该房屋居住。借款到期后，甲无力偿还债务。该房屋由于丙的非法居住，难以拍卖，甲怠于行使对丙的返还请求权。乙银行可以行使下列哪些权利？

A. 请求甲行使对丙的返还请求权，防止抵押财产价值的减少
B. 请求甲将对丙的返还请求权转让给自己
C. 可以代位行使对丙的返还请求权
D. 可以依据抵押权直接对丙行使返还请求权

18. 甲服装公司与乙银行订立合同，约定甲公司向乙银行借款 300 万元，用于购买进口面料。同时，双方订立抵押合同，约定甲公司以其现有的以及将有的生产设备、原材料、产品为前述借款设立抵押。借款合同和抵押合同订立后，乙银行向甲公司发放了贷款，但未办理抵押登记。之后，根据乙银行要求，丙为此项贷款提供连带责任保证，丁以一台大型挖掘机作质押并交付。

关于甲公司的抵押，下列选项正确的是：

A. 该抵押合同为最高额抵押合同
B. 乙银行自抵押合同生效时取得抵押权
C. 乙银行自抵押登记完成时取得抵押权
D. 乙银行的抵押权不得对抗正常经营活动中已支付合理价款并取得抵押财产的买受人

19. 甲向某银行贷款，甲、乙和银行三方签订抵押协议，由乙提供房产抵押担保。乙把房本交给银行，因登记部门原因导致银行无法办理抵押物登记。乙向登记部门申请挂失房本后换得新房本，将房屋卖给知情的丙并办理了过户手续。甲届期未还款，关于贷款、房屋抵押和买卖，下列哪些说法是正确的？

A. 乙应向银行承担违约责任
B. 丙应代为向银行还款
C. 如丙代为向银行还款，可向甲主张相应款项
D. 因登记部门原因未办理抵押登记，但银行占有房本，故取得抵押权

20. 乙欠甲货款，二人商定由乙将一块红木出质并签订质权合同。甲与丙签订委托合同授权丙代自己占有红木。乙将红木交付与丙。下列哪一说法是正确的？

A. 甲乙之间的担保合同无效

B. 红木已交付，丙取得质权

C. 丙经甲的授权而占有，甲取得质权

D. 丙不能代理甲占有红木，因而甲未取得质权

21. 甲公司通知乙公司将其对乙公司的 10 万元债权出质给了丙银行，担保其 9 万元贷款。出质前，乙公司对甲公司享有 2 万元到期债权。如乙公司提出抗辩，关于丙银行可向乙公司行使质权的最大数额，下列哪一选项是正确的？

A. 10 万元　　　　　　　B. 9 万元

C. 8 万元　　　　　　　D. 7 万元

22. 下列哪些情形下权利人可以行使留置权？

A. 张某为王某送货，约定货物送到后一周内支付运费。张某在货物运到后立刻要求王某支付运费被拒绝，张某可留置部分货物

B. 刘某把房屋租给方某，方某退租搬离时尚有部分租金未付，刘某可留置方某部分家具

C. 何某将丁某的行李存放在火车站小件寄存处，后丁某取行李时认为寄存费过高而拒绝支付，寄存处可留置该行李

D. 甲公司加工乙公司的机器零件，约定先付费后加工。付费和加工均已完成，但乙公司尚欠甲公司借款，甲公司可留置机器零件

23. 甲借用乙的山地自行车，刚出门就因莽撞骑行造成自行车链条断裂，甲将自行车交给丙修理，约定修理费 100 元。乙得知后立刻通知甲解除借用关系并告知丙，同时要求丙不得将自行车交给甲。丙向甲核实，甲承认。自行车修好后，甲、乙均请求丙返还。对此，下列哪一选项是正确的？

A. 甲有权请求丙返还自行车

B. 丙如将自行车返还给乙，必须经过甲当场同意

C. 乙有权要求丙返还自行车，但在修理费未支付前，丙就自行车享有留置权

D. 如乙要求丙返还自行车，即使修理费未付，丙也不得对乙主张留置权

24. 甲公司以其机器设备为乙公司设立了质权。10 日后，丙公司向银行贷款 100 万元，甲公司将机器设备又抵押给银行，担保其中 40 万元贷款，但未办理抵押登记。同时，丙公司将自有房产抵押给银行，担保其余 60 万元贷款，办理了抵押登记。20 日后，甲将机器设备再抵押给丁公司，办理了抵押登记。丙公司届期不能清偿银行贷款。下列哪一表述是正确的？

A. 如银行主张全部债权，应先拍卖房产实现抵押权

B. 如银行主张全部债权，可选择拍卖房产或者机器设备实现抵押权

C. 乙公司的质权优先于银行对机器设备的抵押权

D. 丁公司对机器设备的抵押权优先于乙公司的质权

25. 甲对乙享有债权 500 万元，先后在丙和丁的房屋上设定了抵押权，均办理了登记，且均未限定抵押物的担保金额。其后，甲将其中 200 万元债权转让给戊，并通知了乙。乙到期清偿了对甲的 300 万元债务，但未能清偿对戊的 200 万元债务。对此，下列哪些选项是错误的？

A. 戊可同时就丙和丁的房屋行使抵押权，但对每个房屋价款优先受偿权的金额不得超过 100 万元

B. 戊可同时就丙和丁的房屋行使抵押权，对每个房屋价款优先受偿权的金额依房屋价值的比例确定

C. 戊必须先后就丙和丁的房屋行使抵押权，对每个房屋价款优先受偿权的金额由戊自主决定

D. 戊只能在丙的房屋价款不足以使其债权得到全部清偿时就丁的房屋行使抵押权

26. 丙找甲借自行车，甲的自行车与乙的很相像，均放于楼下车棚。丙错认乙车为甲车，遂把乙车骑走。甲告知丙骑错车，丙未理睬。某日，丙骑车购物，将车放在商店楼下，因墙体倒塌将车砸坏。下列哪些表述是正确的？

A. 丙错认乙车为甲车而占有，属于无权占有人

B. 甲告知丙骑错车前，丙修车的必要费用，乙应当偿还

C. 无论丙是否知道骑错车，乙均有权对其行使占有返还请求权

D. 对于乙车的毁损，丙应当承担赔偿责任

27. 甲拾得乙的手机，以市价卖给不知情的丙并交付。丙把手机交给丁维修。修好后丙拒付部分维修费，丁将手机扣下。关于手机的占有状态，下列哪些选项是正确的？

A. 乙丢失手机后，由直接占有变为间接占有

B. 甲为无权占有、自主占有

C. 丙为无权占有、善意占有

D. 丁为有权占有、他主占有

【专题练习答案及详解】

1. CD。 动产抵押权自合同生效时设立，未经登记不得对抗善意第三人。因此，合法有效的动产抵押合同即能设立动产抵押权，产生内部效力。未经登记，只是不产生外部对抗效力，但不影响抵押权的取得。故A正确。动产物权变动依交付，交付包括现实交付和观念交付两类。观念交付又包括简易交付、指示交付和占有改定。甲先将车出卖给丙后又从丙处有偿租回，依占有改定规则，自租赁合同生效时，物权发生变动，汽车的所有权归丙所有。故B正确。合法占有人甲将所有权人丙的汽车交由承揽人丁修理，修理完毕后，如甲和丙均不支付修理费，丁依法可以行使民事留置权，与标的物的价值大小无关。故CD均错误。

2. C。 先占在我国现行法中并没有明文规定，但司法实践和理论上均认可。根据通说，先占应符合如下条件：（1）先占的标的物必须是无主物；（2）先占的标的物必须是动产；（3）先占人基于所有的意思而占有。符合先占要件的，先占人取得无主物的所有权。本题中，天外陨石属于无主物，且属于动产，应由先占人潘某取得其所有权，故C正确，其他选项错误。本题可能引起争议的是，陨石落入肖某家菜地，肖某是否属于先占人？陨石是否应归国家所有？首先，陨石落入肖某家菜地，此时肖某尚未以所有的意思而占有该陨石，故肖某不符合先占的条件。其次，《民法典》第250条规定，森林、山岭、草原、荒地、滩涂等自然资源，属于国家所有，但是法律规定属于集体所有的除外。该条涉及的物应为自然资源，且在属性上均为不动产，不能直接适用该条的规定将陨石认定为归国家所有。

3. ABCD。 《民法典》第220条第1款规定，权利人、利害关系人认为不动产登记簿记载的事项错误的，可以申请更正登记。不动产登记簿记载的权利人书面同意更正或者有证据证明登记确有错误的，登记机构应当予以更正。据此，刘某可以申请更正登记，至于最终是否予以更正登记，则属于登记机构的审查事项，不影响刘某申请的权利。故A正确，当选。《民法典》第220条第2款规定，不动产登记簿记载的权利人不同意更正的，利害关系人可以申请异议登记。登记机构予以异议登记，申请人自异议登记之日起15日内不提起诉讼的，异议登记失效。异议登记不当，造成权利人损害的，权利人可以向申请人请求损害赔偿。故B正确，当选。《民法典》第234条规定，因物权的归属、内容发生争议的，利害关系人可以请求确认权利。刘某在申请异议登记之后，可向法院请求确认自己为房屋的权利人。故C正确，当选。《民法典》第229条规定，因人民法院、仲裁机构的法律文书或者人民政府的征收决定等，导致物权设立、变更、转让或者消灭的，自法律文书或者征收决定等生效时发生效力。可见，如果确权之诉成功，刘某即被确认为房屋的所有权人，同时，可以依据法院判决，请求房管部门将房屋变更登记到自己的名下，故D正确，当选。

4. D。 《民法典》第226条规定，动产物权设立和转让前，权利人已经占有该动产的，物权自民事法律行为生效时发生效力。此所谓简易交付。本题中，庞某有1辆名牌自行车借给黄某，在借给黄某使用期间，又与黄某达成转让协议，黄某以8000元的价格购买该自行车，即在该自行车所有权转让给黄某前，黄某已经依借用合同占有该车，所以自行车所有权自庞某与黄某达成转让协议时庞某完成交付，黄某取得该自行车的所有权，当然黄某此时对该自行车也取得处分权。据此，AB错误。《民法典》第228条规定，动产物权转让时，当事人又约定由出让人继续占有该动产的，物权自该约定生效时发生效力。此所谓占有改定。本题中，黄某取得该自行车的所有权后，又将该自行车以 9000 元的价格转卖给了洪某，但约定由黄某继续使用 1 个月，即该自行车所有权由黄某转移至洪某后，双方又约定由出让人黄某继续占有该自行车，但自行车的所有权自双方约定生效时就发生移转。据此，C 错误。综上，因为黄某将自行车转让给洪某是有权处分，而洪某由此也自黄某处取得该自行车的所有权，所以庞某既不能向黄某，也不能向洪某主张原物返还请求权。D 正确。

5. ABCD。《民法典》第 209 条规定，不动产物权的设立、变更、转让和消灭，经依法登记，发生效力；未经登记，不发生效力，但是法律另有规定的除外。按该规定，不动产物权的变动以办理登记为要件，乙虽然取得房屋的占有，但未办理过户登记，房屋所有权仍然归甲所有，但是乙基于所有权人甲的交付行为取得占有，为合法、有权占有，故 A 正确。《民法典》第 458 条规定，基于合同关系等产生的占有，有关不动产或者动产的使用、收益、违约责任等，按照合同约定；合同没有约定或者约定不明确的，依照有关法律规定。《民法典》第 230 条规定，因继承取得物权的，自继承开始时发生效力。甲死亡，丙即继承取得房屋所有权，但丙继承的是甲的权利，其权利范围不可能超越于甲，其在继受甲的权利之时，亦继受了甲的义务，所以乙可以对丙主张有权占有，并可要求其办理过户登记手续，故 B 正确。丙在继承房屋后又将该房屋出卖给丁，属于有权处分，同时，丙与丁又办理了房屋所有权移转登记，丁即取得房屋所有权。在丁取得房屋所有权后，因乙的占有有正当权利来源，其可以对丁主张有权占有；但同时丁也可以基于所有权请求乙返还房屋，故 CD 正确。

6. A。本题中，甲将一套房屋转让给乙，乙再转让给丙，相继办理了房屋过户登记。丙翻建房屋时在地下挖出一瓷瓶，经查为甲的祖父埋藏，甲是其祖父唯一继承人，由此可知该瓷瓶应为甲所有，丙将该瓷瓶以市价卖给不知情的丁的行为属于无权处分，但不能因此就可以否定丙、丁买卖合同的效力，据此，C 错误。《民法典》第 311 条规定，无处分权人将不动产或者动产转让给受让人的，所有权人有权追回；除法律另有规定外，符合下列情形的，受让人取得该不动产或者动产的所有权：（1）受让人受让该不动产或者动产时是善意；（2）以合理的价格转让；（3）转让的不动产或者动产依照法律规定应当登记的已经登记，不需要登记的已经交付给受让人。受让人依据前款规定取得不动产或者动产的所有权的，原所有权人有权向无处分权人请求损害赔偿。当事人善意取得其他物权的，参照适用前两款规定。本题中，尽管丁不知情，但从题干所给信息无法认定丁必然属于善意，因为交易场所等可以作为善意与否的判断因素在题干中并未给出，所以不能从现有信息中得出丁可以善意取得瓷瓶的结论。故 D 错误。甲为瓷瓶的原所有人，乙不是，所以只有甲有权要求无权处分人丙赔偿损失，故 B 错误。综上可知只有 A 正确。

7. BCD。《民法典》第 597 条第 1 款规定，因出卖人未取得处分权致使标的物所有权不能转移的，买受人可以解除合同并请求出卖人承担违约责任。该规定应理解为，因无权处分订立的买卖合同，买卖合同有效，不因买受人善意或恶意而受影响，但物权变动的效果效力待定（善意取得的除外）。故 A 错误，BD 正确。《民法典》第 311 条第 1 款规定，无处分权人将不动产或者动产转让给受让人的，所有权人有权追回；除法律另有规定外，符合下列情形的，受让人取得该不动产或者动产的所有权：（1）受让人受让该不动或者动产时是善意；（2）以合理的价格转让；（3）转让的不动产或者动产依照法律规定应当登记的已经登记，不需要登记的已经交付给受让人。故 C 正确。

8. D。本题中，方某以 2000 元现金酬谢为内容发布寻物启事的悬赏广告行为在民法上构成单方允诺，如有人交还遗失物，方某基于单方允诺必须支付酬金，这就是单方允诺的法律效果。另外，《民法典》第 317 条规定，权利人领取遗失物时，应当向拾得人或者有关部门支付保管遗失物等支出的必要费用。权利人悬赏寻找遗失物的，领取遗失物时应当按照承诺履行义务。拾得人侵占遗失物的，无权请求保管遗失物等支出的费用，也无权请求权利人按照承诺履行义务。据此本题 D 正确，AC 错误。《民法典》第 314 条规定，拾得遗失物，应当返还权利人。拾得人应当及时通知权利人领取，或者送交公安等有关部门。因此，拾得人返还遗失物是他的法定义务，是基于《民法典》物权编而非《民法典》合同编的规定进行返还，因此拾得人不能像债权人那样行使留置权，B 错误。

9. BC。《民法典》第 305 条规定，按份共有人可以转让其享有的共有的不动产或者动产份额。其他共有人在同等条件下享有优先购买的权利。由此，立法并不禁止按份共有人将份额转让。本题中，乙与第三人戊约定将其份额以 120 万元转让给戊，虽然没有通知甲、丙、丁，但乙戊之间的份额转让合同并不因此而无效，故丙、丁不可仅请求认定乙与戊之间的份额转让合同无效。故 D 错误。《最高人民法院关于适用〈中华人民共和国民法典〉物权编的解释（一）》第 13 条规定，按份共有人之间转让共有份额，其他按份共有人主张依据《民法典》第 305 条规定优先购买的，不予支持，但按份共有人之间另有约定的除外。本题中，甲、乙、丙、丁按份共有某商铺，各自份额均为 25%。甲与丙商定将其份额以 100 万元转让给丙，此为共有人之间转让共有份额，题面也并未有按份共有人之间另有约定的信息，所以乙、丁对甲的份额不享有优先购买权，由此可知本题 A 错误。而乙与第三人戊约定将其份额以 120 万元转让给戊，属于将共有份额转让给共有人之外的人，所以其他共有人甲、丙、丁对乙的份额享有优先购买权。由此可知本题 B 正确。《民法典》第 306 条第 2 款规定，两个以上其他共有人主张行使优先购买权的，协商确定各自的购买比例；协商不成的，按照转让时各自的共有份额比例行使优先购买权。所以，如甲、丙均对乙的份额主张优先购买权，双方可协商确定各自购买的份额。据此，C 正确。

10. BCD。《民法典》第 308 条规定，共有人对共有的不动产或者动产没有约定为按份共有或者共同共有，或者约定不明确的，除共有人具有家庭关系等外，视为按份共有。故 A 错误。《民法典》第 309 条规定，按份共有人对共有的不动产或者动产享有的份额，没有约定或者约定不明确的，按照出资额确定；不能确定出资额的，视为等额享有。故 B 正确。《民法典》第 1060 条第 1 款规定，夫妻一方因家庭日常生活需要而实施的民事法律行为，对夫妻双方发生效力，但是夫妻一方与相对人另有约定的除外。故 C 正确。《民法典》第 303 条规定，共有人约定不得分割共有的不动产或者动产，以维持共有关系的，应当按照约定，但是共有人有重大理由需要分割的，可以请求分割；没有约定或者约定不明确的，按份共有人可以随时请求分割，共同共有人在共有的基础丧失或者有重大理由需要分割时可以请求分割。因分割造成其他共有人损害的，应当给予赔偿。故 D 正确。

11. B。《民法典》第 333 条规定，土地承包经营权自土地承包经营权合同生效时设立。登记机构应当向土地承包经营权人发放土地承包经营权证、林权证等证书，并登记造册，确认土地承包经营权。由该规定可知，未办理确权登记不影响土地承包经营权的设立。同时，立法并未禁止处分未经登记的土地承包经营权。由此，本题中，尽管村民胡某与集体订立的土地承包经营权合同未办理确权登记，土地承包经营权也自土地承包经营权合同生效时设立，且取得土地承包经营权后即可以处分。故 A 错误，B 正确。《民法典》第 335 条规定，土地承包经营权人将土地承包经营权互换、转让的，当事人可以向登记机构申请登记；未经登记，不得对抗善意第三人。由该规定可知，土地承包经营权的转让也是自转让合同生效后发生权利移转，登记只是一个对抗善意第三人的要件。本题中，胡某与同村村民周某订立的土地承包经营权转让合同虽然未办理变更登记，但其转让合同生效和权利的移转均不因登记而受影响。故 CD 错误。

12. （1）C。《民法典》第 275 条规定，建筑区划内，规划用于停放汽车的车位、车库的归属，由当事人通过出售、附赠或者出租等方式约定。占用业主共有的道路或者其他场地用于停放汽车的车位，属于业主共有。《民法典》第 276 条规定，建筑区划内，规划用于停放汽车的车位、车库应当首先满足业主的需要。本题中，小区地下停车场设有的 500 个车位，非占用业主共有的道路或者其他场地用于停放汽车的车位，不属于业主共有，而是应由开发商通过出售、附赠或者出租等方式确定。据此，A 错误，C 正确。《民法典》第 273 条规定，业主对建筑物专有部分以外的共有部分，享有权利，承担义务；不得以放弃权利为由不履行义务。业主转让建筑物内的住宅、经营性用房，其对共有部分享有的共有和共同管理的权利一并转让。我国相关法律并未规定在小区其他业主出售车位时，无车位的业主在同等条件下享有优先购买权，也未规定小区业主如出售房屋，其所购车位应一同转让。所以，BD 错误。

（2）ABC。《民法典》第 279 条规定，业主不得违反法律、法规以及管理规约，将住宅改变为经营性用房。业主将住宅改变为经营性用房的，除遵守法律、法规以及管理规约外，应当经有利害关系的业主一致同意。《最高人民法院关于审理建筑物区分所有权纠纷案件适用法律若干问题的解释》第 11 条规定，业主将住宅改变为经营性用房，本栋建筑物内的其他业主，应当认定为《民法典》第 279 条所称"有利害关系的业主"。建筑区划内，本栋建筑物之外的业主，主张与自己有利害关系的，应证明其房屋价值、生活质量受到或者可能受到不利影响。依上述规定，本题中，小区业主田某将其位于一楼的住宅用于开办茶馆，除遵守法律、法规以及管理规约外，应当经本栋建筑物内的其他业主同意；本栋建筑物之外的业主，主张与田某住宅用途的改变有利害关系的，应证明其房屋价值、生活质量受到或者可能受到不利影响。题目虽没有给出蒋某和田某是否为同一栋建筑物的业主这样的信息，但无论是否属于同一栋楼的业主，故 ABC 正确，D 错误。

（3）D。《民法典》第 286 条规定，业主应当遵守法律、法规以及管理规约，相关行为应当符合节约资源、保护生态环境的要求。对于物业服务企业或者其他管理人执行政府依法实施的应急处置措施和其他管理措施，业主应当依法予以配合。业主大会或者业主委员会，对任意弃置垃圾、排放污染物或者噪声、违反规定饲养动物、违章搭建、侵占通道、拒付物业费等损害他人合法权益的行为，有权依照法律、法规以及管理规约，请求行为人停止侵害、排除妨碍、消除危险、恢复原状、赔偿损失。业主或者其他行为人拒不履行相关义务的，有关当事人可以向有关行政主管部门报告或者投诉，有关行政主管部门应当依法处理。据此，本题中 ABC 均属于业主大会或者业主委员会有权依照法律、法规以及管理规约，要求行为人停止侵害、消除危险、排除妨害、赔偿损失的行为，而不属于业主有权提起诉讼的行为，业主只能对侵害自己合法权益的行为，依法向人民法院提起诉讼。故 ABC 说法均错误，只有 D 正确。

13. A。设立居住权，当事人之间必须存在居住权合同。居住权自登记时设立。按照法律规定，居住权合同必须采用书面形式，其属于要式行为。BC 错误。居住权带有一定的身份属性，不能继承。乙死亡后，居住权消灭，而不发生继承的结果。A 正确。基于居住权的身份属性，其不能转让给他人。D 错误。

14. AB。本题题干信息量少，乙公司在自己的 B 地块上修路本与甲公司无关，但由于系因甲公司与乙公司约定修路，再结合题目选项的表述，可推知乙公司为甲公司设定了地役权，A 地块为需役地，B 地块为供役地。《民法典》第 382 条规定，需役地以及需役地上的土地承包经营权、建设用地使用权等部分转让时，转让部分涉及地役权的，受让人同时享有地役权。《民法典》第 374 条规定，地役权自地役权合同生效时设立。当事人要求登记的，可以向登记机构申请地役权登记；未经登记，不得对抗善意第三人。题目中未说明该项地役权的设立办理了登记，因此不能对抗善意的第三人丁。综上，AB 正确，CD 错误。

15. D。由于本题中抵押房屋属于甲乙夫妻共有但登记在甲名下，所以乙瞒着甲冒用甲的名字签字签订抵押合同、办理抵押登记的行为均非甲的意思表示，原则上对甲均不产生效力，但乙丙之间的抵押合同有效，A 错误。《民法典》第 667 条规定，借款合同是借款人向贷款人借款，到期返还借款并支付利息的合同。无论抵押效力如何，因为抵押合同是从合同，其是否有效不影响借款合同的效力，题干中没有关于会导致借款合同无效的信息，故 B 错误。《民法典》第 1064 条规定，夫妻双方共同签名或者夫妻一方事后追认等共同意思表示所负的债务，以及夫妻一方在婚姻关系存续期间以个人名义为家庭日常生活需要所负的债务，属于夫妻共同债务。夫妻一方在婚姻关系存续期间以个人名义超出家庭日常生活需要所负的债务，不属于夫妻共同债务；但是，债权人能够证明该债务用于夫妻共同生活、共同生产经营或者基于夫妻双方共同意思表示的除外。本题中，题干已经明确为乙借款供个人使用，所以本题中甲对 100 万元借款不负连带还款义务，故 C 错误。综上，D 正确。

16. C。甲丙交换了抵押权顺位，并且履行了变更登记手续，由此丙成为第一顺位抵押权人，甲成为第三顺位抵押权人。但是鉴于乙对此并不知情，在没有获得其书面同意的情况下，该抵押权的变更不应当对其产生不利的影响，因此应当在其原本可获清偿的范围内得到全部偿还。因此，C 正确。

17. AB。《民法典》第 402 条规定，以本法第 395 条第 1 款第 1 项至第 3 项规定的财产或者第 5 项规定的正在建造的建筑物抵押的，应当办理抵押登记，抵押权自登记时设立。在办理了抵押登记后，乙银行取得对甲房屋的抵押权。丙强行进入该房屋居住，属于无权占有。《民法典》第 235 条规定，无权占有不动产或者动产的，权利人可以请求返还原物。所以，甲可以请求丙返还房屋。丙的非法居住导致难以拍卖，而甲怠于行使对丙的返还请求权，已经构成对抵押权的危害。《民法典》第 408 条规定，抵押人的行为足以使抵押财产价值减少的，抵押权人有权请求抵押人停止其行为。所以，乙银行有权请求甲停止其怠于行使返还请求权的行为，要求其行使对丙的返还请求权，防止抵押财产价值的减少，A 正确。同时，乙银行亦可以请求甲将对丙的返还请求权转让给自己，B 正确。《民法典》第 535 条第 1 款规定，因债务人怠于行使其债权或者与该债权有关的从权利，影响债权人的到期债权实现的，债权人可以向人民法院请求以自己的名义代位行使债务人对相对人的权利，但是该权利专属于债务人自身的除外。按该款规定，债权人只能代位行使债务人的债权，而不可代位行使其物权请求权，故 C 错误。乙银行只享有抵押权，只可就抵押物优先受偿，并不享有抵押物所有权，其不可以依据抵押权直接对丙行使返还请求权，故 D 错误。

18. BD。《民法典》第 396 条规定，企业、个体工商户、农业生产经营者可以将现有的以及将有的生产设备、原材料、半成品、产品抵押，债务人不履行到期债务或者发生当事人约定的实现抵押权的情形，债权人有权就抵押财产确定时的动产优先受偿。此为对浮动抵押的规定。《民法典》第 420 条第 1 款规定，为担保债务的履行，债务人或者第三人对一定期间内将要连续发生的债权提供担保财产的，债务人不履行到期债务或者发生当事人约定的实现抵押权的情形，抵押权人有权在最高债权额限度内就该担保财产优先受偿。此为对最高额抵押的规定。本题中，甲服装公司与乙银行订立合同，约定甲公司向乙银行借款 300 万元，用于购买进口面料。同时，双方订立抵押合同，约定甲公司以其现有的以及将有的生产设备、原材料、产品为前述借款设立抵押。显然这一抵押属于浮动抵押。故 A 错误。《民法典》第 404 条规定，以动产抵押的，不得对抗正常经营活动中已经支付合理价款并取得抵押财产的买受人。据此，本题中乙银行自抵押合同生效时取得抵押权，但乙银行的抵押权不得对抗正常经营活动中已支付合理价款并取得抵押财产的买受人。故 BD 正确，C 错误。

19. AC。《民法典》第 395 条和第 402 条规定，以房屋抵押，应办理抵押登记，抵押权自登记时设立。本题中，乙与银行未办理房屋抵押登记，依《民法典》第 215 条和第 402 条规定，抵押合同生效，但抵押权未设定。依此，乙应向银行承担未办理抵押登记的违约责任，但银行未能取得抵押权。故 A 正确，D 错误。乙将房屋所有权转让于丙，丙虽然知情，但根据题目所给信息也不能认定丙与乙恶意串通，所以丙与乙的买卖合同有效，双方办理过户登记后，丙取得房屋所有权。借款合同发生在乙和银行之间，丙没有义务代银行还款。如果丙愿意代乙偿还，可以向乙主张无因管理的相应费用返还，由此本题的 B 错误，C 正确。

20. C。《民法典》第 215 条规定，当事人之间订立有关设立、变更、转让和消灭不动产物权的合同，除法律另有规定或者当事人另有约定外，自合同成立时生效。所以本题中，甲乙之间的担保合同自质权合同成立时生效，故 A 错误。《民法典》第 429 条规定，质权自出质人交付质押财产时设立。占有红木并非只能由本人亲自进行的行为。本题中，甲与丙签订委托合同授权丙代自己占有红木，乙将红木交付于丙，此时，甲为占有人，丙为占有辅助人，即在乙将红木交付与丙时，甲即取得该红木的占有，自此取得质权。据此，BD 错误，C 正确。

21. C。本题中，甲公司对乙公司拥有 10 万元债权，丙银行对甲公司拥有债权质权，乙公司对甲公司拥有 2 万元债权。如果乙公司提出抗辩，鉴于其行使抵销权的条件已经具备，必然会对甲公司提出行使抵销权。尽管乙公司行使抵销权会使丙银行的债权质权有所贬损，但是目前的法律并未规定债权人行使抵销权时受此限制，且《民法典》第 433 条规定，因不可归责于质权人的事由可能使质押财产毁损或者价值明显减少，足以危害质权人权利的，质权人有权请求出质人提供相应的担保；出质人不提供的，质权人可以拍卖、变卖质押财产，并与出质人协议将拍卖、变卖所得的价款提前清偿债务或者提存。《民法典》第 568 条第 1 款规定，当事人互负债务，该债务的标的物种类、品质相同的，任何一方可以将自己的债务与对方的到期债务抵销；但是，根据债务性质、按照当事人约定或者依照法律规定不得抵销的除外。由此可见，乙公司可以行使抵销权。据此，丙银行的债权质权为 8 万元，C 正确。

22. CD。《民法典》第 447 条第 1 款规定，债务人不履行到期债务，债权人可以留置已经合法占有的债务人的动产，并有权就该动产优先受偿。本题 A 中的债务未到期，张某不得留置。B 中不符合留置权的客体须为"已经合法占有的债务人的动产"的要件，刘某不得留置。《民法典》第 903 条规定，寄存人未按照约定支付保管费或者其他费用的，保管人对保管物享有留置权，但是当事人另有约定的除外。据此，C 符合留置权的构成要件，寄存处可以行使留置权。《民法典》第 783 条规定，定作人未向承揽人支付报酬或者材料费等价款的，承揽人对完成的工作成果享有留置权或者有权拒绝交付，但是当事人另有约定的除外。依此可知 D 正确。

23. C。从本题涉及法律关系来看，甲乙之间存在借用法律关系，甲丙之间存在承揽合同法律关系。在乙通知甲解除借用关系并告知丙，同时要求丙不得将自行车交给甲，丙也向甲核实而甲承认后，甲乙之间的借用法律关系解除，此时原甲丙之间的承揽合同法律关系中的定作人也由原来的甲变更为乙。故甲无权再请求丙返还自行车，而乙无论作为承揽合同法律关系的定作人还是自行车的所有人，均有权请求丙返还自行车，也无须经过甲同意。据此，AB 错误。《民法典》第 783 条规定，定作人未向承揽人支付报酬或者材料费等价款的，承揽人对完成的工作成果享有留置权或者有权拒绝交付，但是当事人另有约定的除外。本题中，因为原甲丙之间的承揽合同法律关系中的定作人由原来的甲变更为乙，故乙有权要求丙返还自行车，但在 100 元修理费未支付前，丙就自行车享有留置权。据此，C 正确，D 错误。当然，在乙支付丙 100 元修理费后，基于甲是"因莽撞骑行造成自行车链条断裂"，所以乙也有权要求甲偿还 100 元。

24. C。本题中，银行有两个抵押权，一个为针对甲公司的担保 40 万元债权的动产抵押权，未登记；另一个为针对债务人丙公司的担保 60 万元债权的不动产抵押权，经过了登记。银行如果主张全部债权，应该就两个抵押权一并行使权利，据此 AB 错误。就甲公司的机器设备，乙公司享有质权，银行享有未登记的动产抵押权，两个权利出现竞合，《民法典》第 415 条规定，同一财产既设立抵押权又设立质权的，拍卖、变卖该财产所得的价款按照登记、交付的时间先后确定清偿顺序。因此，质权人乙公司的权利优先，C 正确。就甲公司的机器设备，乙公司享有质权，丁公司享有经过登记的抵押权，二者出现竞合，虽无法律明文规定何者优先，但由于动产抵押权不是法定登记的抵押权，而且乙公司作为质权人占有质物，乙公司的质权应更优先，据此 D 错误。

25. ABCD。《民法典》第 407 条规定："抵押权不得与债权分离而单独转让或者作为其他债权的担保。债权转让的，担保该债权的抵押权一并转让，但是法律另有规定或者当事人另有约定的除外。"《最高人民法院关于适用〈中华人民共和国民法典〉有关担保制度的解释》第 38 条规定："主债权未受全部清偿，担保物权人主张就担保财产的全部行使担保物权的，人民法院应予支持，但是留置权人行使留置权的，应当依照民法典第四百五十条的规定处理。担保财产被分割或者部分转让，担保物权人主张就分割或者转让后的担保财产行使担保物权的，人民法院应予支持，但是法律或者司法解释另有规定的除外。"本题中，甲将其中 200 万元债权转让给戊，并通知了乙，当事人就抵押权问题未有约定，故戊对丙和丁的房屋均享有抵押权。

同一债权有两个以上抵押人的，当事人对其提供的抵押财产所担保的债权份额或者顺序没有约定或者约定不明的，抵押权人可以就其中任一或者各个财产行使抵押权。本题中，当事人对其提供的抵押财产所担保的债权份额或者顺序没有约定，戊可以就丙和丁的任一房屋或者各个房屋行使抵押权，对每个房屋价款优先受偿权的金额在房屋价值和债权范围内由戊自主决定。据此，ABCD 错误，当选。

26. ABCD。丙只有基于借用关系有权占有甲的自行车，其占有乙的自行车，构成无权占有，故 A 正确。丙虽属于无权占有，但在甲告知其骑错车之前，其误认为自己骑的是甲的自行车，不知自己无权占有，属于善意的无权占有人。《民法典》第 460 条规定，不动产或者动产被占有人占有的，权利人可以请求返还原物及其孳息；但是，应当支付善意占有人因维护该不动产或者动产支出的必要费用。所以，对于甲告知丙骑错车前丙修车的必要费用，乙应当偿还。B 正确。《民法典》第 462 条规定，占有的不动产或者动产被侵占的，占有人有权请求返还原物。所以，无论丙是否知道骑错车，都属于无权占有，原合法的有权占有人乙，有权对其行使占有返还请求权。C 正确。《民法典》第 459 条规定，占有人因使用占有的不动产或者动产，致使该不动产或者动产受到损害的，恶意占有人应当承担赔偿责任。甲告知丙骑错车，丙未理睬，构成恶意占有，对自行车的毁损，丙应承担赔偿责任。故 D 正确。

27. ABCD。直接占有是指直接对物进行事实上的管领和控制；间接占有是指基于一定法律关系，对于事实上占有物的人具有返还请求权，因而间接对物管领的占有。无权占有是指占有人无本权的对物的占有；有权占有是指占有人基于本权而对物的占有。自主占有是指以所有人之意思而对物进行的占有；他主占有是指以非所有之意思而对物进行的占有。本题中，甲拾得乙的手机，甲成为直接占有人，自主占有人，也是无权占有人；乙仍然未丧失其对手机的所有权，可以请求甲返还，故乙对手机的占有由直接占有变为间接占有；题目给定信息不能认定丙取得了手机的所有权，故丙为无权占有，但因为其不知情，所以为善意占有；丁可以行使留置权，为有权占有，但丁无所有人的意思而占有，为他主占有。综上，本题应选 ABCD。

专题三 合 同

考点 29 债的概述

债的内容	（1）债权可以分为财产权、请求权、相对权。 （2）债务可以分为主给付义务、从给付义务、附随义务。 ①主给付义务决定债务的性质；违反主给付义务，对方当事人可以主张解除合同，也可主张违约责任。 ②从给付义务辅助主给付义务；违反从给付义务，原则上不能主张解除合同，但如果从给付义务对合同目的的实现具有决定性意义的，则可以主张解除合同，也可以主张违约责任。 ③附随义务辅助主从给付义务；违反附随义务，对方当事人不能主张解除合同，但可以主张违约责任（不能要求强制执行）。 （3）债务也可以分为先合同义务与后合同义务。 ①先合同义务是在合同签订之前的义务；违反先合同义务，导致合同不成立、无效、被撤销等，并给对方造成损失的，应承担缔约过失责任。 ②后合同义务是在合同关系消灭后的义务；违反后合同义务，应承担违约责任。
债的发生原因	合同、侵权、无因管理、不当得利、缔约过失、单方允诺。其中，悬赏广告应定性为单方允诺。
债的分类	根据不同标准，可以区分为意定之债与法定之债、劳务之债与财物之债、特定物之债与种类物之债、单一之债与多数人之债、按份之债与连带之债、简单之债与选择之债。

考点 30 合同的订立

形式	当事人订立合同，有书面形式、口头形式和其他形式。 书面形式是合同书、信件、电报、电传、传真等可以有形地表现所载内容的形式。 以电子数据交换、电子邮件等方式能够有形地表现所载内容，并可以随时调取查用的数据电文，视为书面形式。
特殊合同成立时间	《最高人民法院关于适用〈中华人民共和国民法典〉合同编通则若干问题的解释》规定： （1）采取招标方式订立合同，当事人请求确认合同自中标通知书到达中标人时成立的，人民法院应予支持。 （2）采取现场拍卖、网络拍卖等公开竞价方式订立合同，当事人请求确认合同自拍卖师落槌、电子交易系统确认成交时成立的，人民法院应予支持。 （3）产权交易所等机构主持拍卖、挂牌交易，其公布的拍卖公告、交易规则等文件公开确定了合同成立需要具备的条件，当事人请求确认合同自该条件具备时成立的，人民法院应予支持。
要约	又称"发盘""发价"。要约必须具备两个条件：（1）内容具体确定；（2）表明经受要约人承诺就受该意思拘束。
要约邀请与要约	要约邀请是希望他人向自己发出要约的表示。 典型的要约邀请：寄送的价目表、拍卖公告、招标公告、招股说明书、债券募集办法、基金招募说明书、商业广告和宣传。 二者的转化： （1）商业广告和宣传的内容符合要约条件的，构成要约。 （2）商品房的销售广告和宣传资料为要约邀请，但是出卖人就商品房开发规划范围内的房屋及相关设施所作的说明和允诺具体确定，并对商品房买卖合同的订立以及房屋价格的确定有重大影响的，构成要约。该说明和允诺即使未载入商品房买卖合同，亦应当为合同内容，当事人违反的，应当承担违约责任。
要约与承诺的撤回	二者都可以撤回，撤回的通知应当在要约（承诺）的通知到达受要约人（要约人）之前或者与要约（承诺）同时到达。

要约的撤销	（1）要约可以撤销：撤销要约的通知必须在受要约人发出承诺通知前到达受要约人。 （2）要约不可撤销： ①要约人以确定承诺期限或者其他形式明示要约不可撤销； ②受要约人有理由认为要约是不可撤销的，并且已经为合同履行做了合理准备工作。注意：必须同时具备"有理由"和"合理准备工作"。
要约的失效	（1）要约被拒绝。 （2）要约被依法撤销。 （3）承诺期限届满，受要约人未作出承诺。 （4）受要约人对要约的内容作出实质性变更。
承诺的要件	（1）对要约的同意。 （2）受要约人向要约人作出表示。 （3）不得附有条件；在规定的期限内到达。 （4）承诺应当以通知方式作出，但是根据交易习惯或者要约表明可以通过行为作出承诺的除外。
承诺的效果与合同成立	（1）承诺生效时，合同成立。 （2）当事人采用合同书形式的，自当事人均签名、盖章或者按指印时，合同成立（这里签字、盖章或按指印任一即可）。 （3）法律、行政法规规定或者当事人约定合同应当采用书面形式订立，当事人未采用书面形式但是一方已经履行主要义务，对方接受时，该合同成立。
缔约过失	违反了先合同义务，损害了对方的信赖利益，应当承担赔偿责任： （1）假借订立合同，恶意进行磋商。 （2）故意隐瞒与订立合同有关的重要事实或者提供虚假情况。 （3）有其他违背诚信原则的行为，如泄露或者不正当使用订立合同中知悉的商业秘密或者其他应当保密的信息。

《最高人民法院关于适用〈中华人民共和国民法典〉合同编通则若干问题的解释》	预约合同	（1）当事人以认购书、订购书、预订书等形式约定在将来一定期限内订立合同，或者为担保在将来一定期限内订立合同交付了定金，能够确定将来所要订立合同的主体、标的等内容的，人民法院应当认定预约合同成立。 （2）预约合同生效后，当事人一方拒绝订立本约合同或者在磋商订立本约合同时违背诚信原则导致未能订立本约合同的，人民法院应当认定该当事人不履行预约合同约定的义务。 （3）预约合同生效后，当事人一方不履行订立本约合同的义务，对方请求其赔偿因此造成的损失的，人民法院依法予以支持。
	格式条款	（1）合同条款符合《民法典》第496条第1款规定的情形，当事人仅以合同系依据合同示范文本制作或者双方已经明确约定合同条款不属于格式条款为由主张该条款不是格式条款的，人民法院不予支持。 （2）从事经营活动的当事人一方仅以未实际重复使用为由主张其预先拟定且未与对方协商的合同条款不是格式条款的，人民法院不予支持。但是，有证据证明该条款不是为了重复使用而预先拟定的除外。 （3）提供格式条款的一方在合同订立时采用通常足以引起对方注意的文字、符号、字体等明显标识，提示对方注意免除或者减轻其责任、排除或者限制对方权利等与对方有重大利害关系的异常条款的，人民法院可以认定其已经履行《民法典》第496条第2款规定的提示义务。

考点 31　合同的效力

附条件与附期限的合同	二者的区别在于，条件的发生与否具有不确定性，期限是必然到来的。比如人的死亡是期限而不是条件。
未履行报批义务的处理	《最高人民法院关于适用〈中华人民共和国民法典〉合同编通则若干问题的解释》规定： （1）合同依法成立后，负有报批义务的当事人不履行报批义务或者履行报批义务不符合合同的约定或者法律、行政法规的规定，对方请求其继续履行报批义务的，人民法院应予支持；对方主张解除合同并请求其承担违反报批义务的赔偿责任的，人民法院应予支持。

未履行报批义务的处理	（2）人民法院判决当事人一方履行报批义务后，其仍不履行，对方主张解除合同并参照违反合同的违约责任请求其承担赔偿责任的，人民法院应予支持。 （3）负有报批义务的当事人已经办理申请批准等手续或者已经履行生效判决确定的报批义务，批准机关决定不予批准，对方请求其承担赔偿责任的，人民法院不予支持。
效力待定的合同	（1）限制民事行为能力人订立的超越其年龄、智力、精神健康状况的合同，但是纯获利益的合同除外。 （2）无权代理。 追认权（相对人可以在30日内撤销）。 撤销权（善意相对人，在合同被追认之前，应当以通知方式作出）。 （3）无权处分。 在经过权利人追认、事后取得处分权而使合同有效。 例外：无权处分订立的买卖合同有效，只是物权变动的效力待定。 （4）未经债权人同意的债务承担。
可撤销的合同	（1）当事人双方都有权请求撤销的：因重大误解订立的。 （2）受损方有权要求撤销的： ①一方以欺诈手段，使对方在违背真实意思的情况下实施的民事法律行为。 ②第三人实施欺诈行为，使一方在违背真实意思的情况下实施的民事法律行为，对方知道或者应当知道该欺诈行为的。 ③一方或者第三人以胁迫手段，使对方在违背真实意思的情况下实施的民事法律行为。 ④一方利用对方处于危困状态、缺乏判断能力等情形，致使民事法律行为成立时显失公平的。
违反强制性规定和违背公序良俗合同的效力	违反法律、行政法规的强制性规定的合同无效。但是，该强制性规定不导致该合同无效的除外。违背公序良俗的合同无效。
违反强制性规定的合同的效力除外情形	《最高人民法院关于适用〈中华人民共和国民法典〉合同编通则若干问题的解释》规定，合同违反法律、行政法规的强制性规定，有下列情形之一，由行为人承担行政责任或者刑事责任能够实现强制性规定的立法目的的，人民法院可以依据《民法典》第153条第1款关于"该强制性规定不导致该民事法律行为无效的除外"的规定认定该合同不因违反强制性规定无效：

违反强制性规定的合同的效力除外情形	（1）强制性规定虽然旨在维护社会公共秩序，但是合同的实际履行对社会公共秩序造成的影响显著轻微，认定合同无效将导致案件处理结果有失公平公正； （2）强制性规定旨在维护政府的税收、土地出让金等国家利益或者其他民事主体的合法利益而非合同当事人的民事权益，认定合同有效不会影响该规范目的的实现； （3）强制性规定旨在要求当事人一方加强风险控制、内部管理等，对方无能力或者无义务审查合同是否违反强制性规定，认定合同无效将使其承担不利后果； （4）当事人一方虽然在订立合同时违反强制性规定，但是在合同订立后其已经具备补正违反强制性规定的条件却违背诚信原则不予补正； （5）法律、司法解释规定的其他情形。
违背公序良俗的合同无效的情形	《最高人民法院关于适用〈中华人民共和国民法典〉合同编通则若干问题的解释》规定，合同虽然不违反法律、行政法规的强制性规定，但是有下列情形之一，人民法院应当依据《民法典》第153条第2款的规定认定合同无效： （1）合同影响政治安全、经济安全、军事安全等国家安全的； （2）合同影响社会稳定、公平竞争秩序或者损害社会公共利益等违背社会公共秩序的； （3）合同背离社会公德、家庭伦理或者有损人格尊严等违背善良风俗的。 人民法院在认定合同是否违背公序良俗时，应当以社会主义核心价值观为导向，综合考虑当事人的主观动机和交易目的、政府部门的监管强度、一定期限内当事人从事类似交易的频次、行为的社会后果等因素，并在裁判文书中充分说理。当事人确因生活需要进行交易，未给社会公共秩序造成重大影响，且不影响国家安全，也不违背善良风俗的，人民法院不应当认定合同无效。
撤销权的消灭	（1）有下列情形之一的，撤销权消灭： ①当事人自知道或者应当知道撤销事由之日起1年内、重大误解的当事人自知道或者应当知道撤销事由之日起90日内没有行使撤销权。 ②当事人受胁迫，自胁迫行为终止之日起1年内没有行使撤销权。 ③当事人知道撤销事由后明确表示或者以自己的行为表明放弃撤销权。 （2）当事人自民事法律行为发生之日起5年内没有行使撤销权的，撤销权消灭。
合同无效、被撤销的后果	（1）自始无效。 （2）不影响有关解决争议方法的条款效力。 （3）返还财产、折价赔偿或者损害赔偿。

考点 32 合同的履行

合同内容的补正	（1）协议补充。 （2）不能达成补充协议的，按照合同相关条款或者交易习惯确定。 （3）仍然不能确定的：①质量：强制性国家标准→推荐性国家标准→行业标准→通常标准或者合同目的的特定标准。②价款或者报酬：订立合同时履行地的市场价格，但是应当执行政府定价或者政府指导价的除外。③履行地点不明：货币在接受货币方所在地；不动产在不动产所在地；其他标的在履行义务方所在地履行。④履行期限不明：债务人可以随时履行，债权人也可以随时请求履行，但是应当给对方必要的准备时间。⑤履行方式不明：按照有利于实现合同目的的方式履行。⑥履行费用的负担不明：由履行义务一方负担；因债权人原因增加的履行费用，由债权人负担。
以物抵债协议	《最高人民法院关于适用〈中华人民共和国民法典〉合同编通则若干问题的解释》规定： （1）债务人或者第三人与债权人在债务履行期限届满后达成以物抵债协议，不存在影响合同效力情形的，人民法院应当认定该协议自当事人意思表示一致时生效。 （2）债务人或者第三人履行以物抵债协议后，人民法院应当认定相应的原债务同时消灭；债务人或者第三人未按照约定履行以物抵债协议，经催告后在合理期限内仍不履行，债权人选择请求履行原债务或者以物抵债协议的，人民法院应予支持，但是法律另有规定或者当事人另有约定的除外。 （3）债务人或者第三人与债权人在债务履行期限届满前达成以物抵债协议的，人民法院应当在审理债权债务关系的基础上认定该协议的效力。 （4）当事人约定债务人到期没有清偿债务，债权人可以对抵债财产拍卖、变卖、折价以实现债权的，人民法院应当认定该约定有效。当事人约定债务人到期没有清偿债务，抵债财产归债权人所有的，人民法院应当认定该约定无效，但是不影响其他部分的效力；债权人请求对抵债财产拍卖、变卖、折价以实现债权的，人民法院应予支持。
合同的相对性原则	（1）约定由债务人向第三人履行债务的，债务人未履行或者不符合约定履行，向债权人承担违约责任；约定由第三人代为履行的，如果未履行或者不符合约定履行，由债务人承担违约责任。 （2）法律规定或者当事人约定第三人可以直接请求债务人向其履行债务，第三人未在合理期限内明确拒绝，债务人未向第三人履行债务或者履行债务不符合约定的，第三人可以请求债务人承担违约责任；债务人对债权人的抗辩，可以向第三人主张。

合同的相对性原则		（3）《最高人民法院关于适用〈中华人民共和国民法典〉合同编通则若干问题的解释》规定，下列民事主体，人民法院可以认定为《民法典》第 524 条第 1 款规定的对履行债务具有合法利益的第三人：①保证人或者提供物的担保的第三人；②担保财产的受让人、用益物权人、合法占有人；③担保财产上的后顺位担保权人；④对债务人的财产享有合法权益且该权益将因财产被强制执行而丧失的第三人；⑤债务人为法人或者非法人组织的，其出资人或者设立人；⑥债务人为自然人的，其近亲属；⑦其他对履行债务具有合法利益的第三人。
合同的抗辩权	同时履行抗辩权	（1）构成要件：基于同一双务合同；没有先后履行顺序；一方未履行或者履行不符合约定。 （2）《最高人民法院关于适用〈中华人民共和国民法典〉合同编通则若干问题的解释》规定，当事人互负债务，一方以对方没有履行非主要债务为由拒绝履行自己的主要债务的，人民法院不予支持。但是，对方不履行非主要债务致使不能实现合同目的或者当事人另有约定的除外。 （3）《最高人民法院关于适用〈中华人民共和国民法典〉合同编通则若干问题的解释》规定，当事人一方起诉请求对方履行债务，被告依据《民法典》第 525 条的规定主张双方同时履行的抗辩且抗辩成立，被告未提起反诉的，人民法院应当判决被告在原告履行债务的同时履行自己的债务，并在判项中明确原告申请强制执行的，人民法院应当在原告履行自己的债务后对被告采取执行行为；被告提起反诉的，人民法院应当判决双方同时履行自己的债务，并在判项中明确任何一方申请强制执行的，人民法院应当在该当事人履行自己的债务后对对方采取执行行为。
	不安抗辩权	（1）先履行一方享有的。 （2）构成要件：有确切的证据证明；对方有经营状况严重恶化，转移财产、抽逃资金以逃避债务，丧失商业信誉，有丧失或者可能丧失履行能力的其他情形。 （3）法律效果：应当及时通知对方。①对方提供适当担保的，恢复履行。②对方在合理期限内未恢复履行能力并且未提供适当担保的，视为以自己的行为 （4）表明不履行主要债务，可以解除合同并可以请求对方承担违约责任。 （5）《最高人民法院关于适用〈中华人民共和国民法典〉合同编通则若干问题的解释》规定，当事人一方起诉请求对方履行债务，被告依据《民法典》第 526 条的规定主张原告应先履行的抗辩且抗辩成立的，人民法院应当驳回原告的诉讼请求，但是不影响原告履行债务后另行提起诉讼。

合同的抗辩权	先履行抗辩权	（1）后履行一方享有的权利。 （2）在双务合同中先履行一方不履行或者履行不符合约定时行使。
提前或者部分履行		债权人可以拒绝，但是部分履行不损害债权人利益的除外。债务人部分履行债务给债权人增加的费用，由债务人负担。
情势变更原则		（1）合同成立后，合同的基础条件发生了当事人在订立合同时无法预见的、不属于商业风险的重大变化，继续履行合同对于当事人一方明显不公平的，受不利影响的当事人可以与对方重新协商。《最高人民法院关于适用〈中华人民共和国民法典〉合同编通则若干问题的解释》规定，因政策调整或者市场供求关系异常变动等原因导致价格发生当事人在订立合同时无法预见的、不属于商业风险的涨跌，继续履行合同对于当事人一方明显不公平的，人民法院应当认定合同的基础条件发生了《民法典》第533条第1款规定的"重大变化"。但是，合同涉及市场属性活跃、长期以来价格波动较大的大宗商品以及股票、期货等风险投资型金融产品的除外。 （2）在合理期限内协商不成的，当事人可以请求人民法院或者仲裁机构变更或者解除合同。人民法院或者仲裁机构应当结合案件的实际情况，根据公平原则变更或者解除合同。 （3）合同的基础条件发生了《民法典》第533条第1款规定的重大变化，当事人请求变更合同的，人民法院不得解除合同；当事人一方请求变更合同，对方请求解除合同的，或者当事人一方请求解除合同，对方请求变更合同的，人民法院应当结合案件的实际情况，根据公平原则判决变更或者解除合同。 （4）人民法院依据《民法典》第533的规定判决变更或者解除合同的，应当综合考虑合同基础条件发生重大变化的时间、当事人重新协商的情况以及因合同变更或者解除给当事人造成的损失等因素，在判项中明确合同变更或者解除的时间。 （5）当事人事先约定排除《民法典》第533条适用的，人民法院应当认定该约定无效。

考点 33　合同的保全

代位权	（1）代位权的行使需要出现三方当事人，债权人、债务人、债务人的相对人（次债务人），且必须通过诉讼的方式行使。 （2）债权人行使代位权，要求债权人对债务人享有合法、有效债权，且原则上应当已到履行期；债务人对次债务人的债权合法、有效、到期，且不具有专属性；债务人怠于行使对次债务人的债权，并因此影响债权人债权的实现。《最高人民法院关于适用〈中华人民共和国民法典〉合同编通则若干问题的解释》规定，下列权利，人民法院可以认定为专属于债务人自身的权利：①抚养费、赡养费或者扶养费请求权；②人身损害赔偿请求权；③劳动报酬请求权，但是超过债务人及其所扶养家属的生活必需费用的部分除外；④请求支付基本养老保险金、失业保险金、最低生活保障金等保障当事人基本生活的权利；⑤其他专属于债务人自身的权利。 （3）债权人行使代位权，应以债权人为原告，次债务人为被告，债务人为诉讼中的第三人；由被告住所地法院管辖。 （4）债权人行使代位权胜诉后，由次债务人直接向债权人履行；次债务人可以主张债务人对债权人的抗辩权、次债务人对债务人的抗辩权以及代位权本身存在的抗辩权；必要费用由债务人负担，诉讼费用由败诉的次债务人负担。 （5）债权人提起代位权诉讼后，债权人与债务人之间的债权、债务人与次债务人之间的债权均发生诉讼时效中断的效力。 （6）债权人的债权到期前，债务人的债权或者与该债权有关的从权利存在诉讼时效期间即将届满或者未及时申报破产债权等情形，影响债权人的债权实现的，债权人可以代位向债务人的相对人请求其向债务人履行、向破产管理人申报或者作出其他必要的行为。
撤销权	（1）撤销权的行使需要出现三方当事人，债权人、债务人、债务人的相对人（次债务人），且必须通过诉讼的方式行使。 （2）债权人行使撤销权，要求债权人对债务人的债权合法、有效；债务人实施了减少其财产的行为；债务人所实施的减少其财产的行为影响债权人的债权实现。《最高人民法院关于适用〈中华人民共和国民法典〉合同编通则若干问题的解释》规定，对于"明显不合理"的低价或者高价，人民法院应当按照交易当地一般经营者的判断，并参考交易时交易地的市场交易价或者物价部门指导价予以认定。转让价格未达到交易时交易地的市场交易价或者指导价70%的，一般可以认定为"明显不合理的低价"；受让价格高于交易时交易地的市场交易价或者指导价30%的，一般可以认定为"明显不合理的高价"。债务人与相对人存在亲属关系、关联关系的，不受前款规定的70%、30%的限制。 （3）债权人行使撤销权，应以债权人为原告，债务人和次债务人为被告；由被告住所地法院管辖；且受1年、5年双重除斥期间的限制。 （4）债权人行使代位权胜诉后，被撤销的行为自始无效；次债务人应将财产返还给债务人；必要费用由债务人承担，次债务人有过错的，应适当分得；败诉的债务人还应承担诉讼费。

考点 34 合同的变更和转让

不得转让的合同	（1）根据债权性质不得转让（如基于特殊信赖关系）。 （2）根据当事人的约定不得转让。 （3）根据法律规定不得转让，如最高额抵押合同。	
债权让与	债权让与的条件： （1）协商一致，并且如果法律、行政法规有规定，履行批准程序。 （2）通知债务人；未经通知，对债务人不发生效力。	
	债权让与的效果： （1）从权利随之转移，但是专属于转让人自身的除外。 （2）债务人可以向受让人主张对转让人的抗辩。 （3）债务人可以向受让人主张抵销权（①在接到转让通知时，对让与人享有债权且债务人的债权先于转让的债权到期或者同时到期；②债务人的债权与转让的债权是基于同一合同产生）。	
债务承担	债务承担的条件： （1）协商一致，如果法律、行政法规有规定，履行批准程序。 （2）债务人应当经过债权人的同意。债务人或者第三人可以催告债权人在合理期限内予以同意，债权人未作表示的，视为不同意。 （3）并存的债务承担：第三人与债务人约定加入债务并通知债权人，或者第三人向债权人表示愿意加入债务，债权人未在合理期限内明确拒绝的，债权人可以请求第三人在其愿意承担的债务范围内和债务人承担连带债务。	
	债务承担的效果： （1）从债务随之转移，但是专属于债务人自身的除外。 （2）新债务人可以主张原债务人对债权人的抗辩；原债务人对债权人享有债权的，新债务人不得向债权人主张抵销。	

权利义务概括移转	（1）当事人一方经另一方同意，可以将自己在合同中的权利义务一并转让。 （2）概括移转适用上述债权让与、债务承担的规定。
合同转让中的第三人	《最高人民法院关于适用〈中华人民共和国民法典〉合同编通则若干问题的解释》规定，"可以"将已经脱离合同关系的人列为第三人的情形： （1）债权转让后，债务人向受让人主张其对让与人的抗辩的，人民法院可以追加让与人为第三人。 （2）债务转移后，新债务人主张原债务人对债权人的抗辩的，人民法院可以追加原债务人为第三人。 （3）当事人一方将合同权利义务一并转让后，对方就合同权利义务向受让人主张抗辩或者受让人就合同权利义务向对方主张抗辩的，人民法院可以追加让与人为第三人。

考点 35　合同权利义务的终止

合同的解除	解除的情形： （1）协议解除。 （2）附解除条件。 （3）法定解除： ①因不可抗力不能实现合同目的； ②预期违约：在履行期限届满前，当事人一方明确表示或者以自己的行为表示不履行主要债务； ③迟延履行：迟延履行主要债务，并且经催告后，在合理的期限内仍未履行； ④根本违约：迟延履行或者其他违约行为致使不能实现合同目的。 （4）任意解除：《民法典》规定了若干类合同当事人一方或双方可以任意解除合同，如不定期租赁合同的承租人、承揽合同的定作人、委托合同的当事人。
	解除权行使期限： （1）法律规定或者当事人约定解除权行使期限，期限届满当事人不行使的，该权利消灭。 （2）法律没有规定或者当事人没有约定解除权行使期限，自解除权人知道或者应当知道解除事由之日起1年内不行使，或者经对方催告后在合理期限内不行使的，该权利消灭。

合同的解除	解除权行使规则： （1）当事人一方依法主张解除合同的，应当通知对方。合同自通知到达对方时解除；通知载明债务人在一定期限内不履行债务则合同自动解除，债务人在该期限内未履行债务的，合同自通知载明的期限届满时解除。对方对解除合同有异议的，任何一方当事人均可以请求人民法院或者仲裁机构确认解除行为的效力。有下列情形之一的，除当事人一方另有意思表示外，人民法院可以认定合同解除：①当事人一方主张行使法律规定或者合同约定的解除权，经审理认为不符合解除权行使条件但是对方同意解除；②双方当事人均不符合解除权行使的条件但是均主张解除合同。 （2）当事人一方未通知对方，直接以提起诉讼的方式主张解除合同，撤诉后再次起诉主张解除合同，人民法院经审理支持该主张的，合同自再次起诉的起诉状副本送达对方时解除。但是，当事人一方撤诉后又通知对方解除合同且该通知已经到达对方的除外。
	解除的效果： （1）尚未履行的，终止履行。 （2）已经履行的，可以根据履行情况和合同性质，请求恢复原状或者采取其他补救措施，并请求赔偿损失。
债的抵销	分类： （1）法定抵销：①互负债务都已到期；②债务的标的物的种类、品质相同的；③任意一方都可以主张。 （2）约定抵销：协商一致即可抵销。
	程序： （1）通知对方。 （2）不得附条件或者期限。
提存	条件： （1）债权人无正当理由拒绝受领。 （2）债权人下落不明。 （3）债权人死亡未确定继承人、遗产管理人，或者丧失民事行为能力未确定监护人。
	债务人的权利与义务： （1）标的物提存后，债务人应当及时通知债权人或者债权人的继承人、遗产管理人、监护人、财产代管人。 （2）标的物不适于提存或者提存费用过高，债务人依法可以拍卖或者变卖标的物，提存所得的价款。

提存	提存的效果： （1）债权人与债务人之间的债终止。 （2）提存后，标的物毁损、灭失的风险由债权人承担；孳息由债权人所有；提存费用由债权人承担。 （3）债权人领取提存物的权利，自提存之日5年内不行使则消灭，该物归国家所有。 （4）债权人未履行对债务人的到期债务，或者债权人向提存部门书面表示放弃领取提存物权利的，债务人负担提存费用后有权取回提存物。

考点 36　违约责任

违约责任的形式	继续履行： （1）金钱债务。 （2）非金钱债务，以下情形不可以要求继续履行，致使不能实现合同目的的，人民法院或者仲裁机构可以根据当事人的请求终止合同权利义务关系，但是不影响违约责任的承担： ①法律上或者事实上不能履行。 ②债务的标的不适于强制执行或者履行费用过高。 ③债权人在合理的期限内未要求履行。
	采取补救措施： （1）修理、重作、更换。 （2）减少价款或者报酬。 （3）退货。
	赔偿损失： （1）赔偿损失可以和补救措施并存。即在采取补救措施后，对方还有其他损失的，应当赔偿损失。 （2）当事人一方违约后，对方应当采取适当措施防止损失的扩大；没有采取适当措施致使损失扩大的，不得就扩大的损失请求赔偿。
	违约金： （1）违约金与定金不能并存。定金不足以弥补一方违约造成的损失的，对方可以请求赔偿超过定金数额的损失。 （2）约定违约金"低于造成的损失"或"过分高于造成的损失"，当事人可以请求法院或仲裁机构，"予以增加"或"予以适当减少"。 （3）违约金支付后，还应当履行债务。

违约责任的免责事由	（1）不可抗力。 （2）约定的免责事由。
违约与侵权的竞合	违约行为同时导致对方人身财产损害的，受损害方有权选择要求其承担违约或者侵权责任。（违约责任和侵权责任是选择关系）
因第三方原因违约的责任	当事人一方因第三人的原因造成违约的，应当依法向对方承担违约责任。当事人一方和第三人之间的纠纷，依照法律规定或者按照约定处理。

考点 37　定金

	定金是指根据合同当事人约定，为担保双方履行合同义务，由当事人一方在合同订立时或订立后、履行前，按合同标的额的一定比例交付对方当事人的金钱或者其他替代物。
特征	（1）定金属于金钱担保。 （2）定金是一种从合同。 （3）定金合同是实践合同。 （4）定金具有担保合同债务的履行和违约责任形式的双重功能。 （5）定金具有双向担保功能。
种类	违约定金、立约定金、成约定金、解约定金。
成立	当事人可以约定一方向对方给付定金作为债权的担保。定金合同自实际交付定金时成立。定金的数额由当事人约定；但是，不得超过主合同标的额的20%，超过部分不产生定金的效力。实际交付的定金数额多于或者少于约定数额的，视为变更约定的定金数额。

（1）债务人履行债务的，定金应当抵作价款或者收回。

（2）给付定金的一方不履行债务或者履行债务不符合约定，致使不能实现合同目的的，无权请求返还定金。

（3）收受定金的一方不履行债务或者履行债务不符合约定，致使不能实现合同目的的，应当双倍返还定金。

（4）当事人既约定违约金，又约定定金的，一方违约时，对方可以选择适用违约金或者定金条款。定金不足以弥补一方违约造成的损失的，对方可以请求赔偿超过定金数额的损失。

考点 38　买卖合同

双方当事人的主要义务	（1）出卖人：负有交付标的物、瑕疵担保、交付有关单证和资料的义务。 （2）买受人：负有支付价款、检验标的物的义务。	
标的物 风险负担	（1）一般情况下，以交付转移风险； （2）在途货物买卖，买卖合同成立时风险转移给买受人； （3）当事人对标的物交付地点有明确约定的，货交承运人时风险转移给买受人； （4）买受人受领迟延或迟延提货时，风险均转移给买受人； （5）出卖人根本违约的，出卖人承担风险； （6）出卖人未交付单证的，不影响风险转移。	
标的物所生 孳息的归属	适用交付主义：标的物在交付前产生的孳息，归出卖人所有；标的物交付后产生的孳息，归买受人所有。合同另有约定的，依其约定。	
特种 买卖合同	保留所有权 买卖	出卖人可以取回标的物： （1）未按约定支付价款，经催告后在合理期限内仍未支付； （2）未按约定完成特定条件； （3）将标的物出卖、出质或者作出其他不当处分。但如果买受人已经支付标的物总价款的75%以上的，或标的物已经被第三人善意取得的，出卖人不得取回标的物。
	分期付款 买卖	买受人未支付到期价款的金额达到总价款1/5的，经催告后在合理期限内仍未支付到期价款的，出卖人可以要求买受人支付全部价款或者解除合同。
	试用买卖	（1）以下几种情况下视为买受人同意购买标的物：①试用期限届满，买受人对是否购买标的物未作表示；②买受人在试用期内已经支付一部分价款；③买受人在试用期内对标的物实施了出卖、出租、设定担保权等非试用行为。 （2）标的物在试用期内毁损、灭失的风险由出卖人承担。
	商品房买卖	（1）商品房销售广告和宣传资料，一般视为要约邀请，但是，若是对于房屋及其相关设施的说明和允诺具体确定，并对于订立合同和房屋价格有重大影响的，视为要约。 （2）未取得预售许可证订立预售合同的，无效；起诉前获得的，可认定有效。
	样品买卖	如果买受人不知道样品有隐蔽瑕疵的，即使交付的标的物与样品相同，出卖人交付的标的物的质量仍然应当符合同种物的通常标准。

考点 39　赠与合同

基本属性	双方民事法律行为、诺成性合同、单务合同。
赠与人的瑕疵担保义务	一般情况下，赠与人不承担瑕疵担保义务，但在附义务赠与中，赠与的财产有瑕疵的，赠与人在附义务的限度内承担与出卖人相同的违约责任；赠与人故意不告知瑕疵或保证无瑕疵，造成受赠人损失的，应当承担损害赔偿责任。
合同的撤销	赠与人的任意撤销权。 ①适用于赠与财产的权利移转之前； ②赠与人撤销赠与无须任何理由； ③在具有救灾、扶贫、助残等公益、道德义务性质的赠与合同和经过公证的赠与合同中，赠与人不享有任意撤销权。
	赠与人的法定撤销权。 （1）赠与人的法定撤销权：在赠与财产的权利转移之前或之后均可主张。须满足如下情形之一： ①受赠人严重侵害赠与人或者赠与人近亲属的合法权益； ②受赠人对赠与人有扶养义务而不履行； ③受赠人不履行赠与合同约定的义务。 （2）适用 1 年的除斥期间。 （3）赠与人的继承人或法定代理人的法定撤销： ①在赠与财产的权利转移之前或之后均可主张； ②适用于因受赠人的违法行为致使赠与人死亡或者丧失民事行为能力； ③适用 6 个月的除斥期间。
赠与人的穷困抗辩权	（1）赠与人的经济状况显著恶化，严重影响其生产经营或者家庭生活的，可以不再履行赠与义务。 （2）行使穷困抗辩权，对于尚未赠与的财产，可以不再赠与；但已经赠与的财产，不能请求受赠人返还。 （3）穷困抗辩权适用于一切赠与合同。

考点 40　民间借贷合同

合同的特征	原则上民间借贷合同是诺成合同,但自然人之间的借款合同为实践合同。	
合同当事人的主要义务	(1) 贷款人的主要义务。 不得预先在本金中扣除利息。预先扣除的,按实际借款数额返还借款并计算利息。 (2) 借款人的主要义务。 借款人应按照约定期限还款: ①借款人未按照约定的期限还款:应按约定或有关规定支付逾期利息。 ②未约定还款期限或约定不明:借款人可以随时返还;贷款人可以催告借款人在合理期限内返还。	
合同效力	具有下列情形之一的,民间借贷合同无效: (1) 套取金融机构贷款转贷的。 (2) 以向其他营利法人借贷、向本单位职工集资,或者以向公众非法吸收存款等方式取得的资金转贷的。 (3) 未依法取得放贷资格的出借人,以营利为目的向社会不特定对象提供借款的。 (4) 出借人事先知道或者应当知道借款人借款用于违法犯罪活动仍然提供借款的。 (5) 违反法律、行政法规强制性规定的。 (6) 违背公序良俗的。	
利息的有无	(1) 借贷双方没有约定利息的,出借人一律不得主张支付借期内利息。 (2) 借贷双方对利息约定不明的,若为自然人之间的借款合同,出借人不得主张支付利息;在其他的民间借贷合同中,借贷双方对利息约定不明的,出借人可以主张利息,具体利息标准人民法院应当结合民间借贷合同的内容,并根据当地或者当事人的交易方式、交易习惯、市场报价利率等因素确定。	
	利率	出借人请求借款人按照合同约定利率支付利息的,人民法院应予支持,但是双方约定的利率超过合同成立时一年期贷款市场报价利率(LPR)4倍的除外。 所谓"一年期贷款市场报价利率",是指中国人民银行授权全国银行间同业拆借中心每月发布的一年期贷款市场报价利率。

利息的有无	逾期利率	借贷双方对逾期利率有约定的，从其约定，但是以不超过合同成立时一年期贷款市场报价利率 4 倍为限。
		既未约定借期内利率，也未约定逾期利率，出借人可以主张借款人自逾期还款之日起参照当时一年期贷款市场报价利率标准计算的利息承担逾期还款违约责任。
		约定了借期内利率但是未约定逾期利率，出借人可以主张借款人自逾期还款之日起按照借期内利率支付资金占用期间的利息。

考点 41 租赁合同

不定期租赁	（1）不定期租赁合同包括三种情形： ①未约定租赁期限且当事人未协议补充的； ②租赁期间届满，承租人继续使用租赁物，出租人没有提出异议； ③租赁期限 6 个月以上，未采用书面形式，无法确定租赁期限的，视为不定期租赁。 （2）不定期租赁合同中，双方当事人可随时解除合同，但应在合理期限之前通知对方。
出租人的义务	（1）交付租赁物并保证承租人正常使用、收益。 （2）维修租赁物，但因承租人的过错使租赁物需要维修的，由承租人自行负责维修。出租人未履行维修义务的，承租人可以自行维修，维修费用由出租人负担；出租人因维修租赁物影响承租人使用、收益的，相应减少租金或者延长租期。
承租人的义务	（1）依约定方法或根据租赁物的性质使用租赁物。 （2）不得随意对租赁物进行改善或在租赁物上增设他物：经出租人同意，可以对租赁物进行改善或者增设他物，由此产生的费用，除当事人另有约定以外，均由承租人自行承担。 （3）不得擅自对租赁物进行扩建：经出租人同意进行扩建的，如果办理了合法建设手续的，费用由出租人承担；如果未办理合法建设手续的，费用由双方按照过错程度分担。 （4）不得擅自转租：经出租人同意转租，出租人不能对次承租人主张违约责任，但能主张侵权责任；出租人可以向承租人主张违约责任。 （5）支付租金。

承租人的权利	优先购买权。 （1）当出租人出卖房屋时，承租人在同等条件下，享有优先购买权。 （2）下列情形下不能主张优先购买权： ①房屋共有人行使优先购买权； ②出租人将房屋出卖给近亲属； ③出租人履行通知义务后，承租人在 15 日内未明确表示购买； ④第三人善意购买租赁房屋并已经办理登记手续。 （3）承租人优先购买权受到侵害，可以请求出租人承担赔偿责任，但出租人与第三人订立的房屋买卖合同的效力不受影响。 （4）共有人的优先购买权最优先，次承租人的优先购买权次之，承租人的优先购买权最后。	
	优先承租权。租赁期限届满，房屋承租人享有以同等条件优先承租的权利。	
租赁合同的法定承受	在房屋租赁合同的存续期间，承租人死亡的，与其生前共同居住的人或者共同经营人可以按照原租赁合同租赁该房屋。	
无效的房屋租赁合同	违法、违章建筑物	违法建筑（无证房）、违章建筑（未取得批准或者超过有效期）的租赁合同无效。如果在一审辩论终结前违法情节消失的，合同转为有效。
	提起确认无效之诉	未经出租人同意擅自转租的房屋租赁合同，出租人提起无效之诉或者撤销之诉，受到法院支持，合同转为无效。
	转租超期	转租合同期限超过承租人剩余租赁期限，超过部分无效。

考点 42　房屋租赁的解除权

出租人的法定解除权	未按约使用	承租人未按照约定的方法或者租赁物的性质使用租赁物，致使租赁物受到损失的。
	擅自改建或者扩建	承租人擅自变动房屋建筑主体和承重结构或者扩建，在出租人要求的合理期限内仍不予恢复原状的。
	非法转租或擅自出租	承租人未经出租人同意转租的（但出租人知道或者应当知道擅自转租之日起 6 个月未提出异议的，解除权消灭）。
	迟延支付租金	承租人无正当理由未支付或者迟延支付租金，经出租人催告后在合理期间内仍未支付的。

承租人的 法定解除权	未依约交付	出租人未依约交付租赁物的。
	租赁物 毁损、灭失	因不可归责于承租人的事由，致使租赁物部分或者全部毁损、灭失的。
	未告知 租赁物缺陷	租赁物危及承租人的安全或者健康的，即使承租人订立合同时明知该租赁物质量不合格的。
	一房数租	出租人就同一房屋订立数份租赁合同，在合同均有效的情况下，不能取得租赁房屋的承租人请求解除合同。
	目的不能实现	租赁房屋被司法机关或者行政机关依法查封的或者租赁房屋权属有争议的。
任意解除权	不定期租赁合同：出租人和承租人均有权随时解除合同，出租人解除合同应当在合理期限之前通知承租人。	

考点 43 特殊的房屋租赁合同

一房数租 问题	在合同领域中涉及多重关系的主要有多重买卖和多重租赁。需要提醒考生注意的是：债权具有相容性，一房数租订立多重租赁合同，数份合同在均不存在效力瑕疵情况下，当然有效。	
	（1）出租人就同一房屋订立数份租赁合同，在合同均有效的情况下，承租人均主张履行合同的，法院按照下列顺序确定履行合同的承租人： ①已经合法占有租赁房屋的。 ②已经办理登记备案手续的。 ③合同成立在先的。即合法占有>依法备案>成立在先。 （2）不能取得租赁房屋的承租人可以请求承担解除合同、赔偿损失等违约责任。	
买卖不破 租赁	一般构成	（1）租赁合同有效。 （2）租赁期间内，租赁物的所有权因买卖、赠与等发生变更。
	例外情形	（1）租赁物被没收、征收的。 （2）先出租后抵押，或者动产抵押已办理抵押登记，因抵押权人实现抵押权发生所有权变动的。 （3）房屋在出租前已被法院依法查封的。

房屋转租	合法转租	（1）须经出租人同意。 （2）出租人同意转租的推定：出租人知道或者应当知道承租人转租，但在 6 个月内未提出异议的，推定为同意转租，该转租合同有效。出租人不得再行主张转租合同无效或者主张解除租赁合同。 （3）超期转租未经出租人同意的，超期部分的转租合同无效。
		（1）承租人就次承租人的行为对出租人负责，承担损害赔偿责任。 （2）承租人向出租人承担责任之后，承租人可以向次承租人主张违约损害赔偿。 （3）出租人可以基于其所有人地位向次承租人主张侵权损害赔偿或者物上请求权。
	非法转租	非法转租，是指承租人未经出租人同意，擅自签订转租合同。
		（1）出租人可以对承租人主张解除合同。 （2）非法转租城镇房屋的，次租赁合同无效。 （3）租赁期间，承租人非法转租取得的租金不构成不当得利。因为承租人依据合法的租赁关系，对租赁物享有收益权能。出租人若解除租赁合同，则解除之后承租人继续出租取得的租金才构成不当得利。 （4）在非法转租中，次承租人相对于出租人来说就是无权占有人。因此作为所有权人的出租人对次承租人享有返还原物请求权。

考点 44　建设工程合同一般规定

特征	（1）发包人不得将应当由一个承包人完成的建设工程支解成若干部分发包给几个承包人。 （2）承包人不得将其承包的全部建设工程转包给第三人或者将其承包的全部建设工程支解以后以分包的名义分别转包给第三人。 （3）禁止承包人将工程分包给不具备相应资质条件的单位。 （4）禁止分包单位将其承包的工程再分包。 （5）建设工程主体结构的施工必须由承包人自行完成。 （6）总承包人或者勘察、设计、施工承包人经发包人同意，可以将自己承包的部分工作交由第三人完成。第三人就其完成的工作成果与总承包人或者勘察、设计、施工承包人向发包人承担连带责任。

优先受偿权	（1）发包人未按照约定支付价款的，承包人可以催告发包人在合理期限内支付价款。发包人逾期不支付的，除按照建设工程的性质不宜折价、拍卖的以外，承包人可以与发包人协议将该工程折价，也可以申请法院将该工程依法拍卖。建设工程的价款就该工程折价或者拍卖的价款优先受偿。 （2）优先于抵押权和其他债权，但是不得对抗已经支付全部或者大部分房款的购房人。 （3）优先受偿权的行使期限为6个月，自竣工之日或者约定竣工之日起计算。
对合同内容的确定	（1）另行订立合同与中标合同不一致，以中标合同确定双方权利义务。 （2）中标合同签订后，另行订立其他合同变相降低工程价款的，无效。 （3）招标后订立的工程合同与中标通知书或招投标文件不一致，以中标通知书或招投标文件确定工程价款。 （4）非必须招标之工程，招标后另行订立的工程合同与中标合同不一致，原则上以中标合同为准，但是发生情事变更而另行订立合同的除外。

考点 45　建设工程合同的无效

无效的情形	建设工程施工合同具有下列情形之一的，应当认定无效： （1）承包人未取得建筑施工企业资质或者超越资质等级的。 （2）没有资质的实际施工人借用有资质的建筑施工企业名义的。 （3）建设工程必须进行招标而未招标或者中标无效的。
无效的后果	（1）发包人未取得规划许可证等规划审批手续，当事人可主张施工合同无效，发包人在起诉前取得许可证等规划审批手续的除外；发包人能够办理审批手续而未办理，不得以未办理审批手续为由请求确认施工合同无效。 （2）合同无效后，无过错方可向过错方主张赔偿，但需证明对方过错及损害事实；损失大小无法确定的，由法院结合双方过错程度、过错与损失之间的因果关系等因素作出裁判。 （3）借用资质承包工程的，若工程质量出现问题需要承担责任，发包方可请求出借人与借用人承担连带责任。 （4）同一建设工程订立的数份建设工程施工合同均无效，但建设工程质量合格，一方当事人可请求参照实际履行的合同结算建设工程价款，实际履行的合同难以确定，当事人请求参照最后签订的合同结算建设工程价款。

续表

工程价款	验收合格	建设工程施工合同无效，但建设工程经竣工验收合格，承包人请求参照合同约定支付工程价款的，应予支持。
	验收不合格	（1）建设工程施工合同无效，且建设工程经竣工验收不合格的，按照以下情形分别处理： ①修复后的建设工程经竣工验收合格，发包人请求承包人承担修复费用的，应予支持。 ②修复后的建设工程经竣工验收不合格，承包人请求支付工程价款的，不予支持。 （2）因建设工程不合格造成的损失，发包人有过错的，也应承担相应的民事责任。
对实际施工人的保护		（1）实际施工人以发包人为被告主张权利： ①法院应当追加转包人或者违法分包人为本案第三人； ②发包人在欠付建设工程价款范围内对实际施工人承担责任。 （2）实际施工人在转包人或违法分包人怠于向发包人主张权利时，可向发包人提起代位诉讼。

考点46　提供劳务的合同

保理合同	（1）基础合同对保理合同的影响：虚构应收账款的，债务人不得以应收账款不存在为由对抗保理人，但是保理人明知虚构的除外；变更和终止基础交易合同的，不得对保理人产生不利影响。 （2）保理合同可分为有追索权保理和无追索权保理，前者就是保理人可向债权人主张返还保理融资款本息或者回购债权，后者则无此权利。 （3）多重保理，最新登记的优先；没有登记的，最先通知的优先。
物业服务合同	（1）物业服务人公开作出的有利于业主的服务承诺，为物业服务合同的组成部分。 （2）建设单位、业主委员会所签订的物业服务合同，对业主具有法律约束力。 （3）物业服务人应承担信息公开义务、退出义务、后合同义务。 （4）业主应承担支付物业费的义务、告知和协助义务。 （5）不定期物业服务合同中，当事人均有任意解除权。

运输合同	（1）客运合同中，承运人承担告知义务、救助义务、安全运送义务。 （2）货运合同中，承运人承担安全运输义务、通知义务。
保管合同	（1）保管合同与仓储合同在是否有偿、是否为实践性合同、如何行使任意解除权、如何赔偿方面，均有区别。 （2）保管合同中，不论保管期限有无约定，寄存人均享有任意解除权；保管期限没有约定或者约定不明确的，保管人享有任意解除权。
委托合同	（1）受托人的损害赔偿义务应分两种情形处理： ①有偿的委托合同，因受托人的过错给委托人造成损失的，委托人可以请求赔偿损失； ②无偿的委托合同，因受托人的故意或者重大过失给委托人造成损失的，委托人可以请求赔偿损失。 （2）委托合同中，双方均享有任意解除权；因行使任意解除权给对方造成损失的，应承担赔偿责任。
行纪合同	（1）行纪人只能是经批准经营行纪业务的民事主体；行纪人以自己的名义与第三人订立合同，并就该合同直接享有权利、承担义务。 （2）行纪合同中，行纪人有承担行纪费用的义务、依委托人的指示处理事务的义务。 （3）行纪合同中，委托人有支付报酬的义务、受领或取回标的物的义务。 （4）行纪人享有介入权，行纪人自己可以作为出卖人或买受人。
中介合同	（1）中介合同的本质，是中介人促成委托人和第三人签订合同，中介人不会与第三人直接签订合同。 （2）委托人"跳单"的，仍然应当向中介人支付报酬。

考点 47　技术合同

技术合同的无效	（1）非法垄断技术、侵害他人技术成果的合同一律无效。 （2）如果受让人是善意的，其可在取得范围内继续使用，但要向权利人支付合理的使用费；如果受让人是恶意的，则和转让人承担连带赔偿责任。
技术开发合同	（1）专利申请权的归属。 ①委托开发合同中，当事人没有约定或者约定不明的，归研究开发人所有，但委托人可以依法实施该项专利；研究开发方转让专利申请权的，委托人享有同等条件下的优先受让权。 ②合作开发合同中，当事人没有约定或者约定不明的，由合作开发的当事人共有；一方转让其共有的专利申请权的，其他各方享有同等条件下的优先受让权；一方声明放弃其共有的专利申请权的，可以由另一方单独申请或者其他各方共同申请，放弃申请的一方可以免费实施该专利；一方不同意申请专利的，另一方或其他各方不得申请专利。 （2）技术秘密成果的归属。当事人没有约定或者约定不明的，均有使用和转让的权利；但委托开发的研究开发人在向委托人交付研究开发成果之前，不得将研究开发成果转让给第三人；在许可他人使用时，只能是普通许可，如果实施了排他许可和独占许可，未经对方当事人同意或者追认的，应当认定该许可行为无效。
技术转让合同	（1）技术转让合同自签订之日起生效；专利权、专利申请权的转让，向国务院专利行政主管部门登记之日起生效。 （2）后续改进技术成果，当事人没有约定或者约定不明确的，谁改进，谁享有。 （3）专利申请权转让合同当事人以专利申请被驳回或者被视为撤回为由请求解除合同，该事实发生在办理专利申请权转让登记之前的，可以支持；发生在转让登记之后的，不予支持。

考点 48　无因管理

类型	正当的无因管理	主观正当的无因管理：管理的事务不违反被管理人本人明示或可推知的意思，并且管理事务的效果也有利于被管理人本人。	
		客观正当的无因管理：管理的事务违反被管理人本人明示或可推知的意思，但管理的事务是被管理人本人应尽的法定义务或具有公益性义务的事务。	
	不正当的无因管理	不法管理	明知是他人事务，却故意将其作为自己的事务而加以管理。实质上是侵权行为。
		误信管理	误把他人的事务当作自己的事务进行管理。

构成要件	（1）无因管理须是管理他人事务。（误把他人事务当成自己事务管理，不构成无因管理）	①无因管理是事实行为，不要求管理人的行为能力，无行为能力人与限制行为能力人只要具有管理能力，均可成立无因管理。②管理事务范围虽广泛，但应注意对所管理事务的要求：第一，所管理的"事务"应该是能够产生债权债务关系的事务。关于宗教、道德、友谊的事务，不是无因管理的事务。第二，所管理的"事务"须为合法事务。非法事务不得作为无因管理的事务。第三，管理的"事务"不属于被管理人个人的专属事务，如结婚。第四，管理的"事务"不能是被管理人授权的事务。经被管理人授权的事务，便产生了约定的义务，管理人的行为即不再属于无因管理。第五，管理的"事务"不是管理人先行行为而产生的法定义务。③纯粹为自己的事务不能成为无因管理上的事务。如果管理的事务系管理人为自己和他人的共同事务，可以就属于他人的事务部分成立无因管理。如修缮自己与他人共用的院墙。
	（2）管理人须有为他人管理的意思。（利他兼利己，成立无因管理）	即管理人认识到其所管理的是他人事务，并想让管理事务发生的利益归于被管理人。管理人具有为他人管理的意思即可成立无因管理，而不要求他在管理时知道该事务属于何人的事务。例如，误将甲的事务认作乙的事务而为管理，仍可对甲成立无因管理。
	（3）就管理的事务，没有受委托或无法律上原因。（无因）	无因管理的"无因"，是指没有法律依据，即没有法定或者约定的义务。注意：虽然没有法定、契约义务，但以下行为仍不成立无因管理：①履行公益性质的义务，如青年志愿者为敬老院打扫卫生的行为。②履行道德性质的义务，如养子女对生父母的日常衣食住行之照料。③履行宗教性质的义务，如信徒自愿为寺庙添加香火的行为。
	（4）管理利于本人，且不违反本人明示或者可推知的意思。	在下列情况下，管理人对事务的管理即使违反本人明示或者可推知的意思，仍可成立正当的无因管理：①为本人尽公益上的义务，如缴纳税款。②为本人履行法定抚养、赡养等义务，如以本人名义给其父母应得的赡养费。③本人之意思违反公共秩序或者善良风俗的，如在本人自杀时救助本人使得自己受伤。

续表

法律后果	正当的无因管理	不成立不当得利	正当的无因管理虽使被管理人受益,但有无因管理法定之债,故即使管理人因此而遭受损失,在二者之间也不成立不当得利。
		与侵权责任的竞合	无因管理成立后,管理人在管理事务过程中违反了善良管理人的注意义务,因故意或过失不法侵害被管理人权利的,侵权行为仍可成立。
		管理人之义务	(1) 必须尽到善良管理人的注意义务。 (2) 通知义务。 (3) 计算义务。
		管理人之权利	(1) 支付必要费用偿还请求权。 (2) 清偿负担债务请求权。 (3) 损害赔偿请求权。(不以产生管理结果为前提,不以所受利益范围为限)注意:管理人无报酬请求权。
	不当的无因管理		不当的无因管理,就其管理事务之承担而言不具有违法阻却性,属于不当干预他人事务,为保护被管理人的利益,适用《民法典》侵权责任编的规定。

考点 49 不当得利

一般构成(合同无效、被撤销、被解除都可能存在不当得利)		(1) 一方取得财产利益(一方受益)。一方受有利益是不当得利的前提,该利益包括财产积极增加与财产消极增加。财产积极增加,指财产本不应该增加而增加。财产消极增加,指财产本应该减少而未减少。 (2) 一方受有损失(一方受损)。此处损失包括财产积极减少与财产消极减少。财产积极减少,指财产本不应该减少而减少。财产消极减少,指财产本应增加而未增加。 (3) 取得利益与所受损失间有因果关系。 (4) 获得利益没有法律上的根据。
排除适用	强迫得利	受损人因其行为使受益人享有利益,但违反了受益人的意思,不符合其经济计划的情形。例如,乙将房屋出租给甲。甲经乙同意对房屋进行了装修,但双方并未约定装饰物的归属。租期届满后,乙不同意继续出租给甲。双方对装饰物费用发生争执。经鉴定,构成附合的装饰物(如地砖)的残值为 10 万元。构成附合装饰物的残值虽构成不当得利,但一般属于强迫得利,故甲不能对乙主张不当得利返还请求权。

排除适用	反射利益 （一方受益， 无人受损）	一方的财产因另一方的行为而增值，但并未致另一方损害，故不属于不当得利。如，某大学新建校区，当地居民乙的房屋大幅升值，乙不构成不当得利。
	自然债务	（1）超过诉讼时效期间，当事人自愿履行的，不受诉讼时效限制。 （2）过了诉讼时效期间，义务人履行义务后，又以超过诉讼时效为由反悔的，法院不予支持。 据此可知，债务人对已过诉讼时效的债务履行后，再以自己不知超过诉讼时效为由反悔的，法院不予支持。因此，债权人取得清偿款是有法律依据的，不产生不当得利之债。
	履行 正当义务	（1）履行道德上义务。 （2）提前履行未到期债务而丧失期限利益。 （3）明知无债务（无给付义务）而为清偿。
	非法利益	基于不法原因而给付（如支付赌债、行贿等）。对于非法所得应追缴国库，而非以不当得利返还。
不当得利返 还请求权	返还对象	（1）返还原物。返还时，原物存在的，不当得利的受益人应返还原物或原权利。原物不存在的，折价返还；原物毁损后存在代位物（保险金、赔偿金），应返还原物的代位物。 （2）所受利益依其性质不能返还的（如获利为物的占有和使用、获利为他人提供的劳务的），应返还其价额（如相当期限的租金、相当数额的工资）。 （3）所受利益产生的孳息，应返还。
	善意	若受损人的损失大于受益人取得的利益，则受益人返还的利益仅以现存的利益为限。利益不存在时，受益人不负返还义务。
	恶意	（1）若受益人所得的利益少于受损人的损失时，受益人除返还其所得的全部实际利益外，还须就其损失与得利的差额另行加以赔偿。 （2）受益人受益时为善意而其后为恶意的利益返还；返还的利益范围以恶意开始时的利益范围为准。

要点提炼

【专题练习】

1. 甲、乙与丙就交通事故在交管部门的主持下达成《调解协议书》，由甲、乙分别赔偿丙 5 万元，甲当即履行。乙赔了 1 万元，余下 4 万元给丙打了欠条。乙到期后未履行，丙多次催讨未果，遂持《调解协议书》与欠条向法院起诉。下列哪一表述是正确的？

A. 本案属侵权之债

B. 本案属合同之债

C. 如丙获得工伤补偿，乙可主张相应免责

D. 丙可要求甲继续赔偿 4 万元

2. 甲遗失手链 1 条，被乙拾得。为找回手链，甲张贴了悬赏 500 元的寻物告示。后经人指证手链为乙拾得，甲要求乙返还，乙索要 500 元报酬，甲不同意，双方数次交涉无果。后乙在桥边玩耍时手链掉入河中被河水冲走。下列哪一选项是正确的？

A. 乙应承担赔偿责任，但有权要求甲支付 500 元

B. 乙应承担赔偿责任，无权要求甲支付 500 元

C. 乙不应承担赔偿责任，也无权要求甲支付 500 元

D. 乙不应承担赔偿责任，有权要求甲支付 500 元

3. 甲房产开发公司在交给购房人张某的某小区平面图和项目说明书中都标明有一个健身馆。张某看中小区健身方便，决定购买一套商品房并与甲公司签订了购房合同。张某收房时发现小区没有健身馆。下列哪些表述是正确的？

A. 甲公司不守诚信，构成根本违约，张某有权退房

B. 甲公司构成欺诈，张某有权请求甲公司承担缔约过失责任

C. 甲公司恶意误导，张某有权请求甲公司双倍返还购房款

D. 张某不能滥用权利，在退房和要求甲公司承担违约责任之间只能选择一种

4. 德凯公司拟为新三板上市造势，在无真实交易意图的情况下，短期内以业务合作为由邀请多家公司来其主要办公地点洽谈。其中，真诚公司安排授权代表往返十余次，每次都准备了详尽可操作的合作方案，德凯公司佯装感兴趣并屡次表达将签署合同的意愿，但均在最后一刻推脱拒签。期间，德凯公司还将知悉的真诚公司的部分商业秘密不当泄露。对此，下列哪一说法是正确的？

A. 未缔结合同，则德凯公司就磋商事宜无需承担责任

B. 虽未缔结合同，但德凯公司构成恶意磋商，应赔偿损失

C. 未缔结合同，则商业秘密属于真诚公司自愿披露，不应禁止外泄

D. 德凯公司也付出了大量的工作成本，如被对方主张赔偿，则据此可主张抵销

要点提炼

5. 方某、李某、刘某和张某签订借款合同，约定："方某向李某借，100 万元，刘某提供房屋抵押，张某提供保证。"除李某外其他人都签了字，刘某先把房本交给了李某，承诺过几天再作抵押登记。李某交付 100 万元后，方某到期未还款。下列哪一选项是正确的？

  A. 借款合同不成立   B. 方某应返还不当得利

  C. 张某应承担保证责任   D. 刘某无义务办理房屋抵押登记

6. 甲公司向乙公司购买小轿车，约定 7 月 1 日预付 10 万元，10 月 1 日预付 20 万元，12 月 1 日乙公司交车时付清尾款。甲公司按时预付第一笔款。乙公司于 9 月 30 日发函称因原材料价格上涨，需提高小轿车价格。甲公司于 10 月 1 日拒绝，等待乙公司答复未果后于 10 月 3 日向乙公司汇去 20 万元。乙公司当即拒收，并称甲公司迟延付款构成违约，要求解除合同，甲公司则要求乙公司继续履行。下列哪一表述是正确的？

  A. 甲公司不构成违约   B. 乙公司有权解除合同

  C. 乙公司可行使先履行抗辩权   D. 乙公司可要求提高合同价格

7. 甲与乙公司签订的房屋买卖合同约定："乙公司收到首期房款后，向甲交付房屋和房屋使用说明书；收到二期房款后，将房屋过户给甲。"甲交纳首期房款后，乙公司交付房屋但未立即交付房屋使用说明书。甲以此为由行使先履行抗辩权而拒不支付二期房款。下列哪一表述是正确的？

  A. 甲的做法正确，因乙公司未完全履行义务

  B. 甲不应行使先履行抗辩权，而应行使不安抗辩权，因乙公司有不能交付房屋使用说明书的可能性

  C. 甲可主张解除合同，因乙公司未履行义务

  D. 甲不能行使先履行抗辩权，因甲的付款义务与乙公司交付房屋使用说明书不形成主给付义务对应关系

8. 甲将其对乙享有的 10 万元货款债权转让给丙，丙再转让给丁，乙均不知情。乙将债务转让给戊，得到了甲的同意。丁要求乙履行债务，乙以其不知情为由抗辩。下列哪一表述是正确的？

  A. 甲将债权转让给丙的行为无效

  B. 丙将债权转让给丁的行为无效

  C. 乙将债务转让给戊的行为无效

  D. 如乙清偿 10 万元债务，则享有对戊的求偿权

9. 甲公司与乙公司签订并购协议："甲公司以 1 亿元收购乙公司在丙公司中 51%的股权。若股权过户后，甲公司未支付收购款，则乙公司有权解除并购协议。"后乙公司依约履行，甲公司却分文未付。乙公司向甲公司发送一份经过公证的《通知》："鉴于你公司

要点提炼

严重违约，建议双方终止协议，贵方向我方支付违约金；或者由贵方提出解决方案。"3日后，乙公司又向甲公司发送《通报》："鉴于你公司严重违约，我方现终止协议，要求你方依约支付违约金。"下列哪一选项是正确的？

A.《通知》送达后，并购协议解除

B.《通报》送达后，并购协议解除

C. 甲公司对乙公司解除并购协议的权利不得提出异议

D. 乙公司不能既要求终止协议，又要求甲公司支付违约金

10. 胡某于 2018 年 3 月 10 日向李某借款 100 万元，期限 3 年。2021 年 3 月 30 日，双方商议再借 100 万元，期限 3 年。两笔借款均先后由王某保证，未约定保证方式和保证期间。李某未向胡某和王某催讨。胡某仅于 2022 年 2 月归还借款 100 万元。关于胡某归还的 100 万元，下列哪一表述是正确的？

A. 因 2018 年的借款已到期，故归还的是该笔借款

B. 因 2018 年的借款无担保，故归还的是该笔借款

C. 因 2018 年和 2021 年的借款数额相同，故按比例归还该两笔借款

D. 因 2018 年和 2021 年的借款均有担保，故按比例归还该两笔借款

11. 赵某从商店购买了一台甲公司生产的家用洗衣机，洗涤衣物时，该洗衣机因技术缺陷发生爆裂，叶轮飞出造成赵某严重人身损害并毁坏衣物。赵某的下列哪些诉求是正确的？

A. 商店应承担更换洗衣机或退货、赔偿衣物损失和赔偿人身损害的违约责任

B. 商店应按违约责任更换洗衣机或者退货，也可请求甲公司按侵权责任赔偿衣物损失和人身损害

C. 商店或者甲公司应赔偿因洗衣机缺陷造成的损害

D. 商店或者甲公司应赔偿物质损害和精神损害

12. 甲、乙两公司约定：甲公司向乙公司支付 5 万元研发费用，乙公司完成某专用设备的研发生产后双方订立买卖合同，将该设备出售给甲公司，价格暂定为 100 万元，具体条款另行商定。乙公司完成研发生产后，却将该设备以 120 万元卖给丙公司，甲公司得知后提出异议。下列哪一选项是正确的？

A. 甲、乙两公司之间的协议系承揽合同

B. 甲、乙两公司之间的协议系附条件的买卖合同

C. 乙、丙两公司之间的买卖合同无效

D. 甲公司可请求乙公司承担违约责任

13. 乙向甲借款 20 万元，借款到期后，乙的下列哪些行为导致无力偿还甲的借款时，甲可申请法院予以撤销？

A. 乙将自己所有的财产用于偿还对他人的未到期债务

B. 乙与其债务人约定放弃对债务人财产的抵押权

C. 乙在离婚协议中放弃对家庭共有财产的分割

D. 乙父去世，乙放弃对父亲遗产的继承权

要点提炼

14. 甲、乙约定：甲将 100 吨汽油卖给乙，合同签订后三天交货，交货后十天内付货款。还约定，合同签订后乙应向甲支付十万元定金，合同在支付定金时生效。合同订立后，乙未交付定金，甲按期向乙交付了货物，乙到期未付款。对此，下列哪一表述是正确的？

A. 甲可请求乙支付定金

B. 乙未支付定金不影响买卖合同的效力

C. 甲交付汽油使得定金合同生效

D. 甲无权请求乙支付价款

15. 根据甲公司的下列哪些《承诺（保证）函》，如乙公司未履行义务，甲公司应承担保证责任？

A. 承诺："积极督促乙公司还款，努力将丙公司的损失降到最低"

B. 承诺："乙公司向丙公司还款，如乙公司无力还款，甲公司愿代为清偿"

C. 保证："乙公司实际投资与注册资金相符"。实际上乙公司实际投资与注册资金不符

D. 承诺："指定乙公司与丙公司签订保证合同"。乙公司签订了保证合同但拒不承担保证责任

16. 周某以 6000 元的价格向吴某出售一台电脑，双方约定五个月内付清货款，每月支付 1200 元，在全部价款付清前电脑所有权不转移。合同生效后，周某将电脑交给吴某使用。期间，电脑出现故障，吴某将电脑交周某修理，但周某修好后以 6200 元的价格将该电脑出售并交付给不知情的王某。对此，下列哪一说法是正确的？

A. 王某可以取得该电脑所有权

B. 在吴某无力支付最后一个月的价款时，经催告后合理期限内不履行的，周某可行使取回权

C. 如吴某未支付到期货款达 1800 元，经催告不履行的，周某可要求其一次性支付剩余货款

D. 如吴某未支付到期货款达 1800 元，经催告不履行的，周某可要求解除合同，并要求吴某支付一定的电脑使用费

17. 甲为出售一台挖掘机分别与乙、丙、丁、戊签订买卖合同，具体情形如下：2021 年 3 月 1 日，甲胁迫乙订立合同，约定货到付款；4 月 1 日，甲与丙签订合同，丙支

20%的货款；5月1日，甲与丁签订合同，丁支付全部货款；6月1日，甲与戊签订合同，甲将挖掘机交付给戊。上述买受人均要求实际履行合同，就履行顺序产生争议。关于履行顺序，下列哪一选项是正确的？

A. 戊、丙、丁、乙   B. 戊、丁、丙、乙

C. 乙、丁、丙、戊   D. 丁、戊、乙、丙

18. 冯某与丹桂公司订立商品房买卖合同，购买了该公司开发的住宅楼中的一套住房。合同订立后，冯某发现该房屋存在问题，要求解除合同。就冯某提出的解除合同的理由，下列哪些选项是正确的？

A. 房屋套内建筑面积与合同约定面积误差比绝对值超过5%的

B. 商品房买卖合同订立后，丹桂公司未告知冯某又将该住宅楼整体抵押给第三人的

C. 房屋交付使用后，房屋主体结构质量经核验确属不合格的

D. 房屋存在质量问题，在保修期内丹桂公司拒绝修复的

19. 甲公司员工魏某在公司年会抽奖活动中中奖，依据活动规则，公司资助中奖员工子女次年的教育费用，如员工离职，则资助失效。下列哪些表述是正确的？

A. 甲公司与魏某成立附条件赠与

B. 甲公司与魏某成立附义务赠与

C. 如魏某次年离职，甲公司无给付义务

D. 如魏某次年未离职，甲公司在给付前可撤销资助

20. 自然人甲与乙签订了年利率为30%、为期1年的1000万元借款合同。后双方又签订了房屋买卖合同，约定："甲把房屋卖给乙，房款为甲的借款本息之和。甲须在一年内以该房款分6期回购房屋。如甲不回购，乙有权直接取得房屋所有权。"乙交付借款时，甲出具收到全部房款的收据。后甲未按约定回购房屋，也未把房屋过户给乙。因房屋价格上涨至3000万元，甲主张偿还借款本息。下列哪些选项是正确的？

A. 甲乙之间是借贷合同关系，不是房屋买卖合同关系

B. 应在不超过银行同期贷款利率的四倍以内承认借款利息

C. 乙不能获得房屋所有权

D. 因甲未按约定偿还借款，应承担违约责任

21. 甲将其临街房屋和院子出租给乙作为汽车修理场所。经甲同意，乙先后两次自费扩建数间房屋作为烤漆车间。乙在又一次扩建报批过程中发现，甲出租的全部房屋均未经过城市规划部门批准，属于违章建筑。下列哪些选项是正确的？

A. 租赁合同无效

B. 因甲、乙对于扩建房屋都有过错，应分担扩建房屋的费用

C. 因甲未告知乙租赁物为违章建筑，乙可解除租赁合同

D. 乙可继续履行合同，待违章建筑被有关部门确认并影响租赁物使用时，再向甲主张违约责任

22. 甲将自己的一套房屋租给乙住，乙又擅自将房屋租给丙住。丙是个飞镖爱好者，因练飞镖将房屋的墙面损坏。下列哪些选项是正确的？

A. 甲有权要求解除与乙的租赁合同

B. 甲有权要求乙赔偿墙面损坏造成的损失

C. 甲有权要求丙搬出房屋

D. 甲有权要求丙支付租金

23. 甲与乙订立房屋租赁合同，约定租期 5 年。半年后，甲将该出租房屋出售给丙，但未通知乙。不久，乙以其房屋优先购买权受侵害为由，请求法院判决甲丙之间的房屋买卖合同无效。下列哪一表述是正确的？

A. 甲出售房屋无须通知乙

B. 丙有权根据善意取得规则取得房屋所有权

C. 甲侵害了乙的优先购买权，但甲丙之间的合同有效

D. 甲出售房屋应当征得乙的同意

24. 孙某与李某签订房屋租赁合同，李某承租后与陈某签订了转租合同，孙某表示同意。但是，孙某在与李某签订租赁合同之前，已经把该房租给了王某并已交付。李某、陈某、王某均要求继续租赁该房屋。下列哪一表述是正确的？

A. 李某有权要求王某搬离房屋

B. 陈某有权要求王某搬离房屋

C. 李某有权解除合同，要求孙某承担赔偿责任

D. 陈某有权解除合同，要求孙某承担赔偿责任

25. 刘某与甲房屋中介公司签订合同，委托甲公司帮助出售房屋一套。关于甲公司的权利义务，下列哪一说法是错误的？

A. 如有顾客要求上门看房时，甲公司应及时通知刘某

B. 甲公司可代刘某签订房屋买卖合同

C. 如促成房屋买卖合同成立，甲公司可向刘某收取报酬

D. 如促成房屋买卖合同成立，甲公司自行承担中介活动费用

26. 北林公司是某小区业主选聘的物业服务企业。关于业主与北林公司的权利义务，下列哪一选项是正确的？

A. 北林公司公开作出的服务承诺及制定的服务细则，不是物业服务合同的组成部分

B. 业主甲将房屋租给他人使用，约定由承租人交纳物业费，北林公司有权请求业主甲对该物业费的交纳承担责任

要点提炼

C. 业主乙拖欠半年物业服务费，北林公司要求业主委员会支付欠款，业主委员会无权拒绝

D. 业主丙出国进修两年返家，北林公司要求其补交两年的物业管理费，丙有权以两年未接受物业服务为由予以拒绝

27. 工程师王某在甲公司的职责是研发电脑鼠标。下列哪些说法是错误的？

A. 王某利用业余时间研发的新鼠标的专利申请权属于甲公司

B. 如王某没有利用甲公司物质技术条件研发出新鼠标，其专利申请权属于王某

C. 王某主要利用了单位物质技术条件研发出新型手机，其专利申请权属于王某

D. 如王某辞职后到乙公司研发出新鼠标，其专利申请权均属于乙公司

28. 甲的房屋与乙的房屋相邻。乙把房屋出租给丙居住，并为该房屋在 A 公司买了火灾保险。某日甲见乙的房屋起火，唯恐大火蔓延自家受损，遂率家人救火，火势得到及时控制，但甲被烧伤住院治疗。下列哪一表述是正确的？

A. 甲主观上为避免自家房屋受损，不构成无因管理，应自行承担医疗费用

B. 甲依据无因管理只能向乙主张医疗费赔偿，因乙是房屋所有人

C. 甲依据无因管理只能向丙主张医疗费赔偿，因丙是房屋实际使用人

D. 甲依据无因管理不能向 A 公司主张医疗费赔偿，因甲欠缺为 A 公司的利益实施管理的主观意思

29. 下列哪一情形产生了不当得利之债？

A. 甲欠乙款超过诉讼时效后，甲向乙还款

B. 甲欠乙款，提前支付全部利息后又在借期届满前提前还款

C. 甲向乙支付因前晚打麻将输掉的 2000 元现金

D. 甲在乙银行的存款账户因银行电脑故障多出 1 万元

【专题练习答案及详解】

1. B。《民法典》第464条第1款规定，合同是民事主体之间设立、变更、终止民事法律关系的协议。合同是最常见的债的发生原因。本题中，丙持《调解协议书》与欠条向法院起诉，说明其是依据合同关系提起诉讼，诉的标的为合同关系，而非侵权关系，据此A错误，B正确。C所述毫无法律依据，获得工伤补偿不是违约的免责事由，因此C错误。《调解协议书》约定由甲、乙分别赔偿丙5万元，说明甲、乙二人并非连带债务人，因此丙只能要求乙继续赔偿4万元，不能向甲追索，故D错误。

2. B。《民法典》第314条规定，拾得遗失物，应当返还权利人。《民法典》第316条规定，拾得人在遗失物送交有关部门前，有关部门在遗失物被领取前，应当妥善保管遗失物。因故意或者重大过失使遗失物毁损、灭失的，应当承担民事责任。《民法典》第317条第2款规定，权利人悬赏寻找遗失物的，领取遗失物时应当按照承诺履行义务。本题中，甲遗失手链1条，被乙拾得，甲知道后要求乙返还，乙有义务返还，但与此同时，返还前乙应当妥善保管手链，而乙却没有尽到保管义务，以致在桥边玩耍时手链掉入河中被河水冲走，故乙应承担赔偿责任。据此，CD错误。《民法典》第317条第3款规定，拾得人侵占遗失物的，无权请求保管遗失物等支出的费用，也无权请求权利人按照承诺履行义务。即拾得人构成侵占的，即丧失报酬请求权。本题中，甲承诺给付报酬，但要求乙返还手链时却不同意给付，在双方数次交涉无果的情况下乙仍然继续占有手链，乙的行为虽有不妥，但尚不构成侵占，因而乙并不因此而丧失请求支付报酬的权利。但是，该项链于乙在桥边玩耍时掉入河中被河水冲走，即最终乙并没有归还甲手链，没有完成甲悬赏广告中指定的行为，因而也无权索要报酬。故A错误，B正确。

3. AB。《最高人民法院关于审理商品房买卖合同纠纷案件适用法律若干问题的解释》第3条规定，商品房的销售广告和宣传资料为要约邀请，但是出卖人就商品房开发规划范围内的房屋及相关设施所作的说明和允诺具体确定，并对商品房买卖合同的订立以及房屋价格的确定有重大影响的，构成要约。该说明和允诺即使未载入商品房买卖合同，亦应当为合同内容，当事人违反的，应当承担违约责任。本题中，张某为了健身方便而购买了某小区的商品房，收房时却发现小区的建设与小区的平面图和项目说明书不相符，导致其购房的目的无法实现。《民法典》第563条规定，当事人一方迟延履行债务或者有其他违约行为致使不能实现合同目的，当事人可以解除合同。由于甲公司的虚假宣传导致张某不能实现合同目的，张某有权解除合同退房，故A正确。《民法典》第500条规定，当事人在订立合同过程中有下列情形之一，造成对方损失的，应当承担赔偿责任：（1）假借订立合同，恶意进行磋商；（2）故意隐瞒与订立合同有关的重要事实或者提供虚假情况；（3）有其他违背诚信原则的行为。甲公司违背诚实信用原则，构成欺诈，应承担缔约过失责任，故B正确。C的请求无法律依据，故C错误。《民法典》第566条第1款规定，合同解除后，尚未履行的，终止履行；已经履行的，根据履行情况和合同性质，当事人可以请求恢复原状或者采取其他补救措施，并有权请求赔偿损失。据此，合同解除与承担违约责任之间并不冲突，可以并用，故D错误。

4. B。《民法典》第500条规定："当事人在订立合同过程中有下列情形之一，造成对方损失的，应当承担赔偿责任：（一）假借订立合同，恶意进行磋商；（二）故意隐瞒与订立合同有关的重要事实或者提供虚假情况；（三）有其他违背诚信原则的行为。"本题中，德凯公司在无真实交易意图的情况下，佯装感兴趣并屡次向真诚公司表达将签署合同的意愿，但均在最后一刻推托拒签，这一行为明显属于假借订立合同，恶意进行磋商。而真诚公司安排授权代表往返十余次，每次都准备了详尽可操作的合作方案，最终没有签署合同，真诚公司因此受到损失。而德凯公司虽然在此过程中也付出了大量的工作成本，但其损失是自己造成的。由此，本题中 AD 错误，B 正确。《民法典》第 501 条规定："当事人在订立合同过程中知悉的商业秘密或者其他应当保密的信息，无论合同是否成立，不得泄露或者不正当地使用；泄露、不正当地使用该商业秘密或者信息，造成对方损失的，应当承担赔偿责任。"本题中，双方当事人虽然未订立合同，德凯公司也不应将缔约过程中知悉的真诚公司的部分商业秘密不当泄露，故 C 错误。

5. C。《民法典》第 490 条第 1 款规定，当事人采用合同书形式订立合同的，自当事人均签名、盖章或者按指印时合同成立。在签名、盖章或者按指印之前，当事人一方已经履行主要义务，对方接受时，该合同成立。本题中，方某、李某、刘某和张某签订借款合同，虽然李某未签字，但李某交付方某 100 万元，方某也接受，此时合同成立，方某接受款项有法律依据，也不构成不当得利，到期方某有依借款合同返还借款的义务。故 AB 均错误。张某签字即意味着保证合同生效，在债务人方某不履行债务的情况下，张某应承担保证责任，故 C 正确。依据《民法典》第 402 条，以房屋设定抵押权的，抵押权自登记时设立，但依《民法典》第 215 条规定，未经登记并不影响抵押合同的效力，而抵押合同的效力即债权人有权要求抵押人办理抵押登记，故 D 错误。

6. A。《民法典》第 563 条第 1 款规定，有下列情形之一的，当事人可以解除合同：（1）因不可抗力致使不能实现合同目的；（2）在履行期限届满前，当事人一方明确表示或者以自己的行为表明不履行主要债务；（3）当事人一方迟延履行主要债务，经催告后在合理期限内仍未履行；（4）当事人一方迟延履行债务或者有其他违约行为致使不能实现合同目的；（5）法律规定的其他情形。据此，乙公司无权解除合同，B 错误。《民法典》第 526 条规定，当事人互负债务，有先后履行顺序，应当先履行债务一方未履行的，后履行一方有权拒绝其履行请求。先履行一方履行债务不符合约定的，后履行一方有权拒绝其相应的履行请求。本题中，甲公司的迟延付款是由于乙公司的原因造成的，乙公司不享有先履行抗辩权，因此 C 错误。提高合同价格，实际上是变更合同。根据《民法典》的规定，在以下情况下可以变更合同，即协议变更合同，根据情势变更制度变更合同。本题中，乙公司均不具备这些条件，因此 D 错误。《民法典》第 577 条规定，当事人一方不履行合同义务或者履行合同义务不符合约定的，应当承担继续履行、采取补救措施或者赔偿损失等违约责任。本题中，由于甲公司的迟延付款是由于乙公司的原因造成的，因此不能认定甲公司违约，A 正确。

7. D。《民法典》第 526 条规定，当事人互负债务，有先后履行顺序，应当先履行债务一方未履行的，后履行一方有权拒绝其履行请求。先履行一方履行债务不符合约定的，后履行一方有权拒绝其相应的履行请求。根据《民法典》第 527 条，应当先履行债务的当事人，有证据证明对方有法定情形的，可以中止履行。这两个条文分别为先履行抗辩权和不安抗辩权的规定，前者是后履行义务一方的抗辩权，后者是先履行义务一方的抗辩权。本题中，相对于房屋使用说明书和二期房款的交付义务，甲是后履行一方，所以不可以行使不安抗辩权，故 B 错误。行使先履行抗辩权的条件是在双务合同中，先履行一方没有履行对待给付义务，而本题中甲的付款义务与乙公司交付房屋的义务才是对待给付义务，与乙公司交付房屋使用说明书非对待给付义务，所以甲也不可以行使先履行抗辩权，故 A 错误，D 正确。《民法典》第 563 条第 1 款第 3、4 项规定，当事人一方迟延履行主要债务，经催告后在合理期限内仍未履行，或者当事人一方迟延履行债务或者有其他违约行为致使不能实现合同目的，当事人可以解除合同。本题中，不具备甲解除合同的条件，故 C 错误。

8. D。《民法典》第 546 条规定，债权人转让债权，未通知债务人的，该转让对债务人不发生效力。债权转让的通知不得撤销，但是经受让人同意的除外。据此，债权让与无需经债务人的同意。此外，通知债务人，亦非债权让与的生效要件，而仅是对债务人发生效力的要件。所以，甲未通知乙，将债权转让给丙，转让行为有效，只是对乙不发生效力，A 错误。同理，丙在取得对乙的债权后，虽未经乙同意而将其转让给丁，转让行为有效，只是对乙不发生效力，B 错误。《民法典》第 551 条规定，债务人将债务的全部或者部分转移给第三人的，应当经债权人同意。债务人或者第三人可以催告债权人在合理期限内予以同意，债权人未作表示的，视为不同意。本题中，因为甲、丙、丁在转让债权时，均未通知乙，所以对乙不发生效力，乙仍可将甲视为债权人，向甲清偿。乙经甲同意将债务转移给戊，该行为有效，C 错误。在债务转移后，戊成为丁的债务人，若乙清偿 10 万元债务，则消灭戊的债务。《民法典》第 122 条规定，因他人没有法律根据，取得不当利益，受损失的人有权请求其返还不当利益。据此，本题中戊构成不当得利，所以乙可以向戊求偿，D 正确。综上，本题正确答案为 D。

9. B。甲、乙公司在并购协议中约定了解除权，乙公司在满足条件时可以解除合同，自解除的意思表示到达对方时合同解除，所以 B 正确，A 错误。《民法典》第 565 条规定，对方对解除合同有异议的，任何一方当事人均可以请求人民法院或者仲裁机构确认解除行为的效力。故合同相对人可以对合同解除有异议，C 错误。《民法典》第 567 条规定，合同的权利义务终止，不影响合同中结算和清理条款的效力。故 D 错误。

10. A。《民法典》第 560 条规定，债务人对同一债权人负担的数项债务种类相同，债务人的给付不足以清偿全部债务的，除当事人另有约定外，由债务人在清偿时指定其履行的债务。债务人未作指定的，应当优先履行已经到期的债务；数项债务均到期的，优先履行对债权人缺乏担保或者担保最少的债务；均无担保或者担保相等的，优先履行债务人负担较重的债务；负担相同的，按照债务到期的先后顺序履行；到期时间相同的，按照债务比例履行。由题意可见，2018 年的借款已经到期，而 2021 年的借款尚未到期，据此本题选 A。

11. ABCD。《民法典》第 1203 条规定，因产品存在缺陷造成他人损害的，被侵权人可以向产品的生产者请求赔偿，也可以向产品的销售者请求赔偿。产品缺陷由生产者造成的，销售者赔偿后，有权向生产者追偿。因销售者的过错使产品存在缺陷的，生产者赔偿后，有权向销售者追偿。本题中，赵某和甲公司没有合同关系，所以可以要求甲公司承担侵权损害赔偿责任。鉴于赵某和商店有合同关系，所以赵某可以要求商店承担违约责任，据此，ABC 正确。本题中，叶轮飞出造成严重人身损害，属于侵权造成严重后果的情形，法院对精神损害的诉讼请求应予支持。故 D 当选。

12. D。《民法典》第 770 条第 1 款规定："承揽合同是承揽人按照定作人的要求完成工作，交付工作成果，定作人支付报酬的合同。"本题中，甲、乙两公司约定：甲公司向乙公司支付 5 万元研发费用，乙公司完成某专用设备的研发生产后双方订立买卖合同，将该设备出售给甲公司，价格暂定为 100 万元，具体条款另行商定。据此，甲、乙公司的协议中关于出售设备的内容是在研发之后的买卖合同中确定，所以本协议内容不包括交付工作成果，本协议也不属于买卖合同，故 AB 错误。本题中，乙公司完成研发生产后，作为设备的所有人，和丙公司签订设备买卖合同，不存在导致合同无效的事由。不过，《民法典》第 577 条规定："当事人一方不履行合同义务或者履行合同义务不符合约定的，应当承担继续履行、采取补救措施或者赔偿损失等违约责任。"乙公司完成某专用设备的研发生产后没有依据其和甲公司的协议订立买卖合同，将该设备出售给甲公司，而是卖给了丙公司，应向甲公司承担违约责任。故 C 错误，D 正确。

13. ABC。《民法典》第 538 条规定，债务人以放弃其债权、放弃债权担保、无偿转让财产等方式无偿处分财产权益，或者恶意延长其到期债权的履行期限，影响债权人的债权实现的，债权人可以请求人民法院撤销债务人的行为。据此，我国《民法典》对于债权人可以行使撤销权的事由，采封闭式列举立法。我国现行法律并未将债务人将自己所有的财产用于偿还对他人的未到期债务作为债权人行使可撤销权的事由。但从债权人撤销权的制度价值看，债务人实施减少其财产的行为对债权人造成损害的，债权人可以请求人民法院撤销该行为，而债权人行使撤销权的目的在于恢复债务人的责任财产（行为之前存在的财产），而将自己所有的财产用于偿还对他人的未到期债务，实质上是放弃自己的既有期限利益，会导致自己的责任财产减少，所以应作为债权人行使撤销权的事由。故 A 当选。"乙与其债务人约定放弃对债务人财产的抵押权"属于债务人放弃债权担保的行为，甲可申请法院予以撤销，故 B 当选。"乙在离婚协议中放弃对家庭共有财产的分割"实质上是无偿转让财产的行为，甲可以申请法院予以撤销，故 C 当选。对于放弃继承权的行为，债权人能否行使撤销权的问题，我国立法并无明确规定，理论上存在两种不同的意见。本解析倾向于这种情形下债权人不能行使撤销权。债权人撤销权的基本原理是：因债务人实施减少其责任财产的行为对债权人造成损害的，债权人可以请求人民法院撤销该行为，而债权人行使撤销权的目的在于恢复债务人的责任财产（行为之前存在的财产），而非增加债务人的责任财产（行为之后才发生的财产）。本题 D 中，乙放弃对父亲遗产的继承权，只是阻止债务人将来责任财产的增加，即放弃增加责任财产的机会，不是放弃责任财产，所以债权人不能行使撤销权。此外，继承权是基于身份权而产生的财产权，如允许撤销将会侵害债务人的人身利益，有干涉人身自由之嫌。故 D 不选。

14. B。定金合同为实践合同，以实际交付为合同生效要件，本题中，乙未交付定金，表明定金合同未生效，甲不能请求乙支付定金，A 错误。尽管乙未交付定金，但甲已按期履行主合同，买卖合同的效力不受定金合同的影响，B 正确。定金合同从实际交付定金之日起生效，本题中甲交付汽油并不能使定金合同生效，C 错误。在主合同已经履行的情况下，主合同效力不受定金合同效力的影响，因此，甲已经按主合同约定履行交付货物的义务，其有权要求乙支付价款，D 错误。

15. BC。《民法典》第 681 条规定，保证合同是为保障债权的实现，保证人和债权人约定，当债务人不履行到期债务或者发生当事人约定的情形时，保证人履行债务或者承担责任的合同。本题中，B 中甲公司的承诺明确，在乙公司未履行义务时，甲公司应承担保证责任，B 当选。本题中，AD 中的承诺均无当债务人乙公司不履行债务时，甲公司按照约定履行债务或者承担责任之意思，不构成保证，甲公司无需承担保证责任，故 AD 不选。保证人对债务人的注册资金提供保证的，债务人的实际投资与注册资金不符，或者抽逃转移注册资金的，保证人在注册资金不足或者抽逃转移注册资金的范围内承担连带保证责任，所以甲公司应在债务人乙公司不履行债务时，为 C 中的承诺承担保证责任，当选。

16. A。周某与吴某约定在全部价款付清前电脑的所有权不发生转移，所以周某仍然是电脑的所有权人，周某在电脑修好之后将电脑出售并交付给不知情的王某，属于有权处分，王某能取得电脑的所有权。A 正确。《民法典》第 634 条规定，分期付款的买受人未支付到期价款的数额达到全部价款的 1/5，经催告后在合理期限内仍未支付到期价款的，出卖人可以请求买受人支付全部价款或者解除合同。出卖人解除合同的，可以向买受人请求支付该标的物的使用费。结合本题，吴某无力支付最后 1 个月的价款，表明其已经支付了前 4 个月的款项，合计 4800 元，达到标的物总价款的 80%，故周某不可以行使取回权。B 错误。如果吴某未支付到期货款达 1800 元，达到标的物总价款的 30%，超过了 1/5。但是，只有经催告后在合理期限内仍未支付到期价款的，出卖人才能主张一次性支付全部价款或解除合同。CD 缺少"在合理期限内"，故错误。

17. A。《最高人民法院关于审理买卖合同纠纷案件适用法律问题的解释》第 6 条规定："出卖人就同一普通动产订立多重买卖合同，在买卖合同均有效的情况下，买受人均要求实际履行合同的，应当按照以下情形分别处理：（一）先行受领交付的买受人请求确认所有权已经转移的，人民法院应予支持；（二）均未受领交付，先行支付价款的买受人请求出卖人履行交付标的物等合同义务的，人民法院应予支持；（三）均未受领交付，也未支付价款，依法成立在先合同的买受人请求出卖人履行交付标的物等合同义务的，人民法院应予支持。"本题中，戊为先行受领交付的买受人，丁和丙分别为先行支付全部或者部分价款的买受人，乙为成立在先合同的买受人，在上述买受人均要求实际履行合同的情形下，先行受领交付的戊有权最先得到履行；丁和丙分别为先行支付全部或者部分价款的买受人，但立法并未规定先行支付全部价款的买受人就优先于支付部分价款的买受人，故这种情形下要根据其合同成立的先后确定二者的顺序，故先行成立合同的丙应优先于丁。综上，A 正确。

18. ABC。《商品房销售管理办法》第 20 条规定："按套内建筑面积或者建筑面积计价的，当事人应当在合同中载明合同约定面积与产权登记面积发生误差的处理方式。合同未作约定的，按以下原则处理：（一）面积误差比绝对值在 3% 以内（含 3%）的，据实结算房价款；（二）面积误差比绝对值超出 3% 时，买受人有权退房。买受人退房的，房地产开发企业应当在买受人提出退房之日起 30 日内将买受人已付房价款退还给买受人，同时支付已付房价款利息。买受人不退房的，产权登记面积大于合同约定面积时，面积误差比在 3% 以内（含 3%）部分的房价款由买受人补足；超出 3% 部分的房价款由房地产开发企业承担，产权归买受人。产权登记面积小于合同约定面积时，面积误差比绝对值在 3% 以内（含 3%）部分的房价款由房地产开发企业返还买受人；绝对值超出 3% 部分的房价款由房地产开发企业双倍返还买受人。因本办法第二十四条规定的规划设计变更造成面积差异，当事人不解除合同的，应当签署补充协议。"故 A 正确。《民法典》第 563 条第 1 款第 4 项规定，当事人一方的违约行为致使不能实现合同目的，当事人可以解除合同。因此，商品房买卖合同订立后，出卖人未告知买受人又将该房屋抵押给第三人，导致商品房买卖合同目的不能实现的，无法取得房屋的买受人可以请求解除合同。故 B 正确。《最高人民法院关于审理商品房买卖合同纠纷案件适用法律若干问题的解释》第 9 条规定，因房屋主体结构质量不合格不能交付使用，或者房屋交付使用后，房屋主体结构质量经核验确属不合格，买受人请求解除合同和赔偿损失的，应予支持。故 C 正确。《最高人民法院关于审理商品房买卖合同纠纷案件适用法律若干问题的解释》第 10 条规定，因房屋质量问题严重影响正常居住使用，买受人请求解除合同和赔偿损失的，应予支持。交付使用的房屋存在质量问题，在保修期内，出卖人应当承担修复责任；出卖人拒绝修复或者在合理期限内拖延修复的，买受人可以自行或者委托他人修复。修复费用及修复期间造成的其他损失由出卖人承担。故 D 错误。

19. AC。从题目的表述来看，本题中的赠与构成附条件的赠与。如果是附义务的赠与，应该表述为"公司资助中奖员工子女次年的教育费用，但员工不得离职"。因此 A 正确，B 错误。既然是附条件的赠与，由题意可见，这是一个附解除条件的赠与，员工离职，则所附解除条件生效，甲公司的给付义务也就解除了，因此 C 正确。《民法典》第 658 条规定，赠与人在赠与财产的权利转移之前可以撤销赠与。经过公证的赠与合同或者依法不得撤销的具有救灾、扶贫、助残等公益、道德义务性质的赠与合同，不适用前款规定。据此，D 错误。

20. ACD。《最高人民法院关于审理民间借贷案件适用法律若干问题的规定》第 23 条规定，当事人以订立买卖合同作为民间借贷合同的担保，借款到期后借款人不能还款，出借人请求履行买卖合同的，人民法院应当按照民间借贷法律关系审理。当事人根据法庭审理情况变更诉讼请求的，人民法院应当准许。按照民间借贷法律关系审理作出的判决生效后，借款人不履行生效判决确定的金钱债务，出借人可以申请拍卖买卖合同标的物，以偿还债务。就拍卖所得的价款与应偿还借款本息之间的差额，借款人或者出借人有权主张返还或者补偿。由此，本题中甲乙之间是借贷合同关系，不是房屋买卖合同关系，而且，即便借款人在诉讼发生后拒不履行生效判决，出借人也只是可以申请拍卖买卖合同标的物，以偿还债务，而不是取得房屋所有权，故 AC 正确。《民法典》第 680 条第 1 款规定，禁止高利放贷，借款的利率不得违反国家有关规定。根据《最高人民法院关于审理民间借贷案件适用法律若干问题的规定》第 24 条和第 25 条，借贷双方约定的利率未超过合同成立时一年期贷款市场报价利率 4 倍的，出借人可以请求借款人按照约定的利率支付利息的。由此可知本题 B 错误。此外，本题中双方当事人的借款合同是有效的，借款人到期不履行还款义务，出借人当然可以要求借款人承担违约责任。故 D 正确。

21. AB。《最高人民法院关于审理城镇房屋租赁合同纠纷案件具体应用法律若干问题的解释》第 2 条规定，出租人就未取得建设工程规划许可证或者未按照建设工程规划许可证的规定建设的房屋，与承租人订立的租赁合同无效。但在一审法庭辩论终结前取得建设工程规划许可证或者经主管部门批准建设的，人民法院应当认定有效。由此可知本题中，租赁合同无效，既然合同无效，乙也无须解除合同，也不能向甲主张违约责任，故 A 正确，CD 错误。《最高人民法院关于审理城镇房屋租赁合同纠纷案件具体应用法律若干问题的解释》第 12 条规定，承租人经出租人同意扩建，但双方对扩建费用的处理没有约定的，人民法院按照下列情形分别处理：(1) 办理合法建设手续的，扩建造价费用由出租人负担；(2) 未办理合法建设手续的，扩建造价费用由双方按照过错分担。本题中，甲、乙对于扩建房屋都有过错，应分担扩建房屋的费用，故 B 正确。

22. ABC。《民法典》第 716 条第 2 款规定："承租人未经出租人同意转租的，出租人可以解除合同。"据此，承租人非法转租的，出租人享有法定解除权，有权解除自己与承租人的租赁合同。故 A 正确。《民法典》第 716 条第 1 款规定："承租人经出租人同意，可以将租赁物转租给第三人，承租人转租的，承租人与出租人之间的租赁合同继续有效；第三人造成租赁物损失的，承租人应当赔偿损失。"本题中，乙非法转租，次承租人丙损坏房屋，甲既有权请求丙承担侵权损害赔偿责任，也有权请求乙承担违约损害赔偿责任，乙对甲承担责任后有权向丙追偿。故 B 正确。返还原物请求权的构成要件有二：（1）请求人为物权人；（2）被请求人为现时的无权占有人。本题中，乙擅自转租，相对于房屋所有权人甲，次承租人丙对房屋的占有属于无权占有，甲对丙享有返还原物请求权。故 C 正确。由于甲与丙之间不存在租赁合同关系，也未同意转租，故甲不能要求丙支付租金，因此 D 错误。

23. C。《民法典》第 726 条规定，出租人出卖租赁房屋的，应当在出卖之前的合理期限内通知承租人，承租人享有以同等条件优先购买的权利；但是，房屋按份共有人行使优先购买权或者出租人将房屋出卖给近亲属的除外。出租人履行通知义务后，承租人在 15 日内未明确表示购买的，视为承租人放弃优先购买权。据此 AD 错误。善意取得的前提是无权处分，甲出卖房屋并非无权处分，因此 B 错误。甲虽侵害了乙的优先购买权，但是甲丙之间的合同并无法律明文规定为无效，只是如果因此给乙造成损失，甲有义务予以赔偿，因此 C 正确。

24. C。《最高人民法院关于审理城镇房屋租赁合同纠纷案件具体应用法律若干问题的解释》第 5 条规定，出租人就同一房屋订立数份租赁合同，在合同均有效的情况下，承租人均主张履行合同的，人民法院按照下列顺序确定履行合同的承租人：（1）已经合法占有租赁房屋的；（2）已经办理登记备案手续的；（3）合同成立在先的。不能取得租赁房屋的承租人请求解除合同、赔偿损失的，依照《民法典》的有关规定处理。据此，AB 错误。此外，陈某与孙某没有合同关系，D 错误。孙某将房屋事先出租给王某并已交付，导致李某无法实现合同目的，李某有权依据《民法典》第 563 条解除合同，并可基于孙某违约而要求其承担赔偿责任。

25. B。《民法典》第 962 条第 1 款规定，中介人应当就有关订立合同的事项向委托人如实报告。故 A 正确。中介合同的中介人不介入当事人的合同，所以本题中甲作为中介人不可以代刘某签订房屋买卖合同，故 B 错误。《民法典》第 963 条规定，中介人促成合同成立的，委托人应当按照约定支付报酬。对中介人的报酬没有约定或者约定不明确，依据本法第 510 条的规定仍不能确定的，根据中介人的劳务合理确定。因中介人提供订立合同的媒介服务而促成合同成立的，由该合同的当事人平均负担中介人的报酬。中介人促成合同成立的，中介活动的费用，由中介人负担。据此，CD 正确。因为本题为选非题，所以 B 当选。

26. B。《民法典》第 938 条第 2 款规定："物业服务人公开作出的有利于业主的服务承诺，为物业服务合同的组成部分。"据此，A 错误。业主与物业的承租人、借用人或者其他物业使用人约定由物业使用人交纳物业费，物业服务企业请求业主承担连带责任的，该约定合法有效。据此，B 正确，当选。《民法典》第 944 条第 2 款规定："业主违反约定逾期不支付物业费的，物业服务人可以催告其在合理期限内支付；合理期限届满仍不支付的，物业服务人可以提起诉讼或者申请仲裁。"据此，物业服务企业仅得向拖欠物业费的业主主张权利，向业主委员会提出物业费主张于法无据。C 错误。《民法典》第 944 条第 1 款规定："业主应当按照约定向物业服务人支付物业费。物业服务人已经按照约定和有关规定提供服务的，业主不得以未接受或者无需接受相关物业服务为由拒绝支付物业费。"据此，D 错误。

27. BCD。《专利法》第 6 条规定："执行本单位的任务或者主要是利用本单位的物质技术条件所完成的发明创造为职务发明创造。职务发明创造申请专利的权利属于该单位，申请被批准后，该单位为专利权人。该单位可以依法处置其职务发明创造申请专利的权利和专利权，促进相关发明创造的实施和运用。非职务发明创造，申请专利的权利属于发明人或者设计人；申请被批准后，该发明人或者设计人为专利权人。利用本单位的物质技术条件所完成的发明创造，单位与发明人或者设计人订有合同，对申请专利的权利和专利权的归属作出约定的，从其约定。"《专利法实施细则》第 12 条规定："专利法第六条所称执行本单位的任务所完成的职务发明创造，是指：（一）在本职工作中作出的发明创造；（二）履行本单位交付的本职工作之外的任务所作出的发明创造；（三）退休、调离原单位后或者劳动、人事关系终止后 1 年内作出的，与其在原单位承担的本职工作或者原单位分配的任务有关的发明创造。专利法第六条所称本单位，包括临时工作单位；专利法第六条所称本单位的物质技术条件，是指本单位的资金、设备、零部件、原材料或者不对外公开的技术资料等。"在 A 中，王某虽利用业余时间研发新鼠标，但王某在公司的职责就是研发鼠标，属于在本职工作中作出的发明创造，应为职务发明创造，专利申请权属于甲公司。故 A 正确，不选。B 的道理同上，虽然王某没有利用甲公司物质技术条件研发出新鼠标，但研发鼠标仍是其职责，是执行甲公司的任务，在本职工作中完成研发，因此专利申请权仍属于甲公司。所以 B 错误。在 C 中，只要主要是利用本单位的物质技术条件所完成的发明创造，均为职务发明创造，该新型手机的专利申请权也属于甲公司。故 C 错误。在 D 中，若王某在辞职后的 1 年内研发出新鼠标，其专利申请权仍属于甲公司，选项中并未交代时间界限，故 D 错误。综上，本题答案为 BCD。

28. D。《民法典》第 979 条规定，管理人没有法定的或者约定的义务，为避免他人利益受损失而管理他人事务的，可以请求受益人偿还因管理事务而支出的必要费用；管理人因管理事务受到损失的，可以请求受益人给予适当补偿。管理事务不符合受益人真实意思的，管理人不享有前款规定的权利；但是，受益人的真实意思违反法律或者违背公序良俗的除外。由此可知，无因管理的构成要件有三：（1）管理他人事务；（2）有为他人管理的意思；（3）没有法定的或者约定的义务。本题中，甲的救火行为虽然主观上最终是为自己，但也有为他人管理的意思，只要有为他人管理的意思，即使同时有为自己管理的意思，在构成无因管理方面不受影响，因此，甲的救火行为构成无因管理。而乙是房屋的所有人；丙是房屋的使用人，有财产在房屋中，因此，二人均因甲的救火行为而受益，甲均可要求他们就自己救火时受到的损失进行赔偿。据此，ABC 三项均错误。甲的救火行为虽然在客观上使保险公司减少了理赔数额，但甲救火时并无为 A 公司管理的意思，甚至，他可能根本不知道 A 公司承保的事情，因此 D 正确。

29. D。《民法典》第 985 条规定，得利人没有法律根据取得不当利益的，受损失的人可以请求得利人返还获得的利益。不当得利的成立条件为：（1）一方获利；（2）另一方受损；（3）获利没有法律根据；（4）一方获利与另一方受损有因果关系。本题中，A 中甲超过诉讼时效还款，乙受领欠款是基于债权，有合法根据，不构成不当得利；B 中的甲提前支付全部利息和提前还款是基于自愿，也具有合法根据，不构成不当得利；C 中的赌债不仅不受法律保护，而且因其非法性将予以收缴，而不是返还给"债务人"，因此不构成不当得利；D 中的甲的存款账户因电脑故障多出 1 万元，满足上述构成要件，因此构成不当得利。综上，D 当选。

专题四　人　格　权

考点 50　生命权、身体权和健康权

生命权	自然人享有生命权。自然人的生命安全和生命尊严受法律保护。任何组织或者个人不得侵害他人的生命权。
身体权	(1) 人身自由权：以非法拘禁等方式剥夺、限制他人的行动自由，或者非法搜查他人身体的，受害人有权依法请求行为人承担民事责任。 (2) 人体器官捐献：完全民事行为能力人有权依法自主决定无偿捐献其人体细胞、人体组织、人体器官、遗体。任何组织或者个人不得强迫、欺骗、利诱其捐献。完全民事行为能力人依据前款规定同意捐献的，应当采用书面形式，也可以订立遗嘱。自然人生前未表示不同意捐献的，该自然人死亡后，其配偶、成年子女、父母可以共同决定捐献，决定捐献应当采用书面形式。 (3) 医疗领域的临床试验：为研制新药、医疗器械或者发展新的预防和治疗方法，需要进行临床试验的，应当依法经相关主管部门批准并经伦理委员会审查同意，向受试者或者受试者的监护人告知试验目的、用途和可能产生的风险等详细情况，并经其书面同意。进行临床试验的，不得向受试者收取试验费用。 (4) 性骚扰：违背他人意愿，以言语、文字、图像、肢体行为等方式对他人实施性骚扰的，受害人有权依法请求行为人承担民事责任。
健康权	从事与人体基因、人体胚胎等有关的医学和科研活动，应当遵守法律、行政法规和国家有关规定，不得危害人体健康，不得违背伦理道德，不得损害公共利益。
注意	自然人的生命权、身体权、健康权受到侵害或者处于其他危难情形的，负有法定救助义务的组织或者个人应当及时施救。

考点 51　姓名权和名称权

姓名权	（1）自然人享有姓名权，有权依法决定、使用、变更或者许可他人使用自己的姓名，但是不得违背公序良俗。 （2）自然人应当随父姓或者母姓，但是有下列情形之一的，可以在父姓和母姓之外选取姓氏：①选取其他直系长辈血亲的姓氏；②因由法定扶养人以外的人扶养而选取扶养人姓氏；③有不违背公序良俗的其他正当理由。 （3）少数民族自然人的姓氏可以遵从本民族的文化传统和风俗习惯。
名称权	法人、非法人组织享有名称权，有权依法决定、使用、变更、转让或者许可他人使用自己的名称。
参照适用	具有一定社会知名度，被他人使用足以造成公众混淆的笔名、艺名、网名、译名、字号、姓名和名称的简称等，参照适用姓名权和名称权保护的有关规定。
消极权能	任何组织或者个人不得以干涉、盗用、假冒等方式侵害他人的姓名权或者名称权。

考点 52　肖像权

权利范围	自然人享有肖像权，有权依法制作、使用、公开或者许可他人使用自己的肖像。
消极权能	（1）任何组织或者个人不得以丑化、污损，或者利用信息技术手段伪造等方式侵害他人的肖像权。未经肖像权人同意，不得制作、使用、公开肖像权人的肖像，但是法律另有规定的除外。 （2）未经肖像权人同意，肖像作品权利人不得以发表、复制、发行、出租、展览等方式使用或者公开肖像权人的肖像。
合理使用	合理实施下列行为的，可以不经肖像权人同意： （1）为个人学习、艺术欣赏、课堂教学或者科学研究，在必要范围内使用肖像权人已经公开的肖像。 （2）为实施新闻报道，不可避免地制作、使用、公开肖像权人的肖像。 （3）为依法履行职责，国家机关在必要范围内制作、使用、公开肖像权人的肖像。 （4）为展示特定公共环境，不可避免地制作、使用、公开肖像权人的肖像。 （5）为维护公共利益或者肖像权人合法权益，制作、使用、公开肖像权人的肖像的其他行为。

肖像许可使用合同	（1）合同解释规则：当事人对肖像许可使用合同中关于肖像使用条款的理解有争议的，应当作出有利于肖像权人的解释。 （2）合同解除权： ①当事人对肖像许可使用期限没有约定或者约定不明确的，任何一方当事人可以随时解除肖像许可使用合同，但是应当在合理期限之前通知对方。 ②当事人对肖像许可使用期限有明确约定，肖像权人有正当理由的，可以解除肖像许可使用合同，但是应当在合理期限之前通知对方。因解除合同造成对方损失的，除不可归责于肖像权人的事由外，应当赔偿损失。

考点 53　名誉权和荣誉权

名誉权	（1）名誉权的限制：行为人为公共利益实施新闻报道、舆论监督等行为，影响他人名誉的，不承担民事责任，但是有下列情形之一的除外：①捏造、歪曲事实；②对他人提供的严重失实内容未尽到合理核实义务；③使用侮辱性言辞等贬损他人名誉。 （2）作品侵害名誉权：行为人发表的文学、艺术作品以真人真事或者特定人为描述对象，含有侮辱、诽谤内容，侵害他人名誉权的，受害人有权依法请求该行为人承担民事责任。 注意：行为人发表的文学、艺术作品不以特定人为描述对象，仅其中的情节与该特定人的情况相似的，不承担民事责任。 （3）媒体报道内容失实侵害名誉权的补救：民事主体有证据证明报刊、网络等媒体报道的内容失实，侵害其名誉权的，有权请求该媒体及时采取更正或者删除等必要措施。 （4）信用评价：民事主体可以依法查询自己的信用评价；发现信用评价不当的，有权提出异议并请求采取更正、删除等必要措施。信用评价人应当及时核查，经核查属实的，应当及时采取必要措施。
荣誉权	（1）民事主体享有荣誉权。任何组织或者个人不得非法剥夺他人的荣誉称号，不得诋毁、贬损他人的荣誉。 （2）获得的荣誉称号应当记载而没有记载的，民事主体可以请求记载；获得的荣誉称号记载错误的，民事主体可以请求更正。

考点 54　隐私权和个人信息保护

隐私权	（1）自然人享有隐私权。任何组织或者个人不得以刺探、侵扰、泄露、公开等方式侵害他人的隐私权。隐私是自然人的私人生活安宁和不愿为他人知晓的私密空间、私密活动、私密信息。 （2）隐私权侵害行为：除法律另有规定或者权利人明确同意外，任何组织或者个人不得实施下列行为：①以电话、短信、即时通讯工具、电子邮件、传单等方式侵扰他人的私人生活安宁；②进入、拍摄、窥视他人的住宅、宾馆房间等私密空间；③拍摄、窥视、窃听、公开他人的私密活动；④拍摄、窥视他人身体的私密部位；⑤处理他人的私密信息；⑥以其他方式侵害他人的隐私权。
个人信息权	（1）个人信息处理的原则和条件。处理个人信息的，应当遵循合法、正当、必要原则，不得过度处理，并符合下列条件：①征得该自然人或者其监护人同意，但是法律、行政法规另有规定的除外；②公开处理信息的规则；③明示处理信息的目的、方式和范围；④不违反法律、行政法规的规定和双方的约定。个人信息的处理包括个人信息的收集、存储、使用、加工、传输、提供、公开等。 （2）处理个人信息免责事由。处理个人信息，有下列情形之一的，行为人不承担民事责任：①在该自然人或者其监护人同意的范围内合理实施的行为；②合理处理该自然人自行公开的或者其他已经合法公开的信息，但是该自然人明确拒绝或者处理该信息侵害其重大利益的除外；③为维护公共利益或者该自然人合法权益，合理实施的其他行为。 （3）不得非法买卖、提供个人信息。信息处理者不得泄露或者篡改其收集、存储的个人信息；未经自然人同意，不得向他人非法提供其个人信息，但是经过加工无法识别特定个人且不能复原的除外。

考点 55　精神损害赔偿

适用范围	下列人格利益和身份利益遭受侵害，情节严重的，受害人或者其近亲属可主张精神损害赔偿： （1）一般人格权。 （2）具体人格权（生命权、健康权、身体权、姓名权、肖像权、名誉权、荣誉权、隐私权）。 （3）特定身份权：荣誉权、亲权、配偶权。 （4）死者的姓名、肖像、名誉、荣誉、隐私、遗体、遗骨等人格利益。 （5）具有人格象征意义的特定纪念物品因侵权行为而永久毁损、灭失的。 （6）非法使被监护人脱离监护，导致亲子关系或者近亲属间的亲属关系遭受严重损害的。

续表

排除情形	（1）法人、非法人组织的人格权受到侵害的。 （2）在侵权之诉中未提出精神损害赔偿，诉讼终结后基于同一事实另行起诉请求精神损害赔偿的。 （3）加害给付中，受害人提起违约之诉而非提起侵权之诉的，不能主张精神损害赔偿。 （4）因侵权致人精神损害，但未造成严重后果，受害人请求赔偿精神损害的，一般不予支持。
边缘问题	侵权致人死亡或者侵害死者利益，有权主张精神损害赔偿的近亲属具有顺序上的限制： （1）第一顺序为配偶、父母、子女（可以作为共同原告）。 （2）第二顺序为其他近亲属。仅在没有第一顺序的近亲属时，第二顺序的近亲属才有权主张精神损害赔偿。需要注意的是，如果不是主张精神损害赔偿，则所有的近亲属都可以作为原告起诉。
	精神损害抚慰金的请求权，不得让与或者继承。但赔偿义务人已经以书面方式承诺给予金钱赔偿，或者赔偿权利人已经向法院起诉的除外。

【专题练习】

要点提炼

1. 下列哪一情形构成对生命权的侵犯？

A. 甲女视其长发如生命，被情敌乙尽数剪去

B. 丙应丁要求，协助丁完成自杀行为

C. 戊为报复欲置己于死地，结果将己打成重伤

D. 庚医师因误诊致辛出生即残疾，辛认为庚应对自己的错误出生负责

2. 高甲患有精神病，其父高乙为监护人。2019 年高甲与陈小美经人介绍认识，同年 12 月陈小美以其双胞胎妹妹陈小丽的名义与高甲登记结婚，2021 年生育一子高小甲。2022 年高乙得知儿媳的真实姓名为陈小美，遂向法院起诉。诉讼期间，陈小美将一直由其抚养的高小甲户口迁往自己原籍，并将高小甲改名为陈龙，高乙对此提出异议。下列哪一选项是正确的？

A. 高甲与陈小美的婚姻属无效婚姻

B. 高甲与陈小美的婚姻属可撤销婚姻

C. 陈小美为高小甲改名的行为侵害了高小甲的合法权益

D. 陈小美为高小甲改名的行为未侵害高甲的合法权益

3. 摄影爱好者李某为好友丁某拍摄了一组生活照，并经丁某同意上传于某社交媒体群中。蔡某在社交媒体群中看到后，擅自将该组照片上传于某营利性摄影网站，获得报酬若干。对蔡某的行为，下列哪一说法是正确的？

A. 侵害了丁某的肖像权和身体权

B. 侵害了丁某的肖像权和李某的著作权

C. 侵害了丁某的身体权和李某的著作权

D. 不构成侵权

4. 甲女委托乙公司为其拍摄一套艺术照。不久，甲女发现丙网站有其多张半裸照片，受到众人嘲讽和指责。经查，乙公司未经甲女同意将其照片上传到公司网站做宣传，丁男下载后将甲女头部移植至他人半裸照片，上传到丙网站。下列哪些说法是正确的？

A. 乙公司侵犯了甲女的肖像权

B. 丁男侵犯了乙公司的著作权

C. 丁男侵犯了甲女的名誉权

D. 甲女有权主张精神损害赔偿

5. 张某因出售公民个人信息被判刑，孙某的姓名、身份证号码、家庭住址等信息也在其中，买方为某公司。下列哪一选项是正确的？

A. 张某侵害了孙某的身份权

B. 张某侵害了孙某的名誉权

C. 张某侵害了孙某对其个人信息享有的民事权益

D. 某公司无须对孙某承担民事责任

6. 张某因病住院，医生手术时误将一肾脏摘除。张某向法院起诉，要求医院赔偿治疗费用和精神损害抚慰金。法院审理期间，张某术后感染医治无效死亡。关于此案，下列哪些说法是正确的？

A. 医院侵犯了张某的健康权和生命权

B. 张某继承人有权继承张某的医疗费赔偿请求权

C. 张某继承人有权继承张某的精神损害抚慰金请求权

D. 张某死后其配偶、父母和子女有权另行起诉，请求医院赔偿自己的精神损害

【专题练习答案及详解】

1. B。 生命权是指自然人维持生命和维护生命安全利益的权利，其客体是生命及其安全利益，这与身体权和健康权明显不同，A 中"甲女视其长发如生命，被情敌乙尽数剪去"，侵犯的显然非生命权，而可能是身体权；C 中"戊为报复欲置己于死地，结果将己打成重伤"，侵犯的也非生命权，而是健康权。故 AC 说法均错误，不选。D 中"庚医师因误诊致辛出生即残疾"，《民法典》第 16 条规定，涉及遗产继承、接受赠与等胎儿利益保护的，胎儿视为具有民事权利能力。但是，胎儿娩出时为死体的，其民事权利能力自始不存在。可以认定庚医师的行为侵犯的是辛的权利，不过侵犯的仍是健康权而非生命权，由此 D 说法也错误，不选。《民法典》第 1002 条规定，自然人享有生命权。自然人的生命安全和生命尊严受法律保护。任何组织或个人不得侵害他人的生命权。我国未认可"安乐死"，所以 B"丙应丁要求，协助丁完成自杀行为"，丙的行为构成对丁的生命权的侵犯，故 B 为正确选项。

2. D。《民法典》第 1051 条规定，有下列情形之一的，婚姻无效：（1）重婚；（2）有禁止结婚的亲属关系；（3）未到法定婚龄。本题中，陈小美以其双胞胎妹妹陈小丽的名义与高甲登记结婚，虽然有姓名欺诈，但该婚姻有效，故 A 错误。《民法典》第 1052 条规定，因胁迫结婚的，受胁迫的一方可以向人民法院请求撤销婚姻。请求撤销婚姻的，应当自胁迫行为终止之日起 1 年内提出。被非法限制人身自由的当事人请求撤销婚姻的，应当自恢复人身自由之日起 1 年内提出。本题中，高甲并非受胁迫而与陈小美结婚，所以 B 错误。《民法典》第 1015 条规定，自然人应当随父姓或者母姓，但是有下列情形之一的，可以在父姓和母姓之外选取姓氏：（1）选取其他直系长辈血亲的姓氏；（2）因由法定扶养人以外的人扶养而选取扶养人姓氏；（3）有不违背公序良俗的其他正当理由。少数民族自然人的姓氏可以遵从本民族的文化传统和风俗习惯。本题中，陈小美将一直由其抚养的高小甲户口迁往自己原籍，并将高小甲改名为陈龙，陈小美为高小甲改名的行为并未侵害高甲的合法权益，故 C 错误，D 正确，当选。

3. B。《民法典》第 1018 条规定："自然人享有肖像权，有权依法制作、使用、公开或者许可他人使用自己的肖像。肖像是通过影像、雕塑、绘画等方式在一定载体上所反映的特定自然人可以被识别的外部形象。"《民法典》第 1019 条规定："任何组织或者个人不得以丑化、污损，或者利用信息技术手段伪造等方式侵害他人的肖像权。未经肖像权人同意，不得制作、使用、公开肖像权人的肖像，但是法律另有规定的除外。未经肖像权人同意，肖像作品权利人不得以发表、复制、发行、出租、展览等方式使用或者公开肖像权人的肖像。"肖像权就是自然人所享有的以自己的肖像上所体现的人格利益为内容的一种人格权。肖像权人对自己的肖像享有专有权，肖像权人既可以对自己的肖像权利进行自由处分，又有权禁止他人在未经其同意的情况下，擅自使用其专有的肖像。本题中，蔡某在社交媒体群中看到丁某的照片后，擅自将该组照片上传于某营利性摄影网站，获得报酬若干，其行为侵害了丁某的肖像权。故 D 错误。著作权是著作权人对其作品所享有的权利。未经著作权人同意，又无法律上的依据，使用他人作品或行使著作权人专有权的行为，属于侵害著作权的行为。本题中，李某为好友丁某拍摄了一组生活照后，李某享有对这些照片的著作权。本题中，蔡某在社交媒体群中看到这些照片后，擅自将该组照片上传于某营利性摄影网站，该行为侵害了李某的著作权。身体权，是指自然人保持其身体组织完整并支配其肢体、器官和其他身体组织并保护自己的身体不受他人违法侵犯的权利。本题中，蔡某在社交媒体群中看到丁某的照片后，擅自将该组照片上传于某营利性摄影网站，获得报酬若干，其行为并未侵害丁某的身体权。综上，AC 错误，B 正确。

4. ABCD。《民法典》第 1019 条规定："任何组织或者个人不得以丑化、污损，或者利用信息技术手段伪造等方式侵害他人的肖像权。未经肖像权人同意，不得制作、使用、公开肖像权人的肖像，但是法律另有规定的除外。未经肖像权人同意，肖像作品权利人不得以发表、复制、发行、出租、展览等方式使用或者公开肖像权人的肖像。"乙公司未经甲女同意上传照片至其公司网站做宣传，侵犯了甲女的肖像权，故 A 正确。《著作权法》第 19 条规定："受委托创作的作品，著作权的归属由委托人和受托人通过合同约定。合同未作明确约定或者没有订立合同的，著作权属于受托人。"该照片的著作权属于乙公司。丁男将照片中的甲女头部移植至他人半裸照片，侵犯了乙公司的保护作品完整权，故 B 正确。《民法典》第 1024 条规定："民事主体享有名誉权。任何组织或者个人不得以侮辱、诽谤等方式侵害他人的名誉权。名誉是对民事主体的品德、声望、才能、信用等的社会评价。"丁男将甲女头部移植至他人半裸照片，使甲女受到众人的嘲讽和指责，名誉受损，其行为侵犯了甲女的名誉权，故 C 正确。《民法典》第 1183 条第 1 款规定："侵害自然人人身权益造成严重精神损害的，被侵权人有权请求精神损害赔偿。"甲女发现丙网站有其多张半裸照片，受到众人嘲讽和指责，名誉权被侵害而且按照通常情况来看会造成严重后果，故可主张精神损害赔偿，D 正确。

5. C。身份权是民事主体基于某种特定的身份享有的民事权利，当民事主体从事某种行为或因婚姻、家庭关系而取得某种身份时享有。本题中张某出售孙某的姓名、身份证号码、家庭住址等信息并不会导致孙某身份权受到损害。故 A 错误。名誉权，是人们依法享有的对自己所获得的客观社会评价、排除他人侵害的权利。本题中张某出售孙某的姓名、身份证号码、家庭住址等信息的行为并不会导致孙某的名誉权受到损害。故 B 错误。《民法典》第 1034 条规定，自然人的个人信息受法律保护。个人信息是以电子或者其他方式记录的能够单独或者与其他信息结合识别特定自然人的各种信息，包括自然人的姓名、出生日期、身份证件号码、生物识别信息、住址、电话号码、电子邮箱、健康信息、行踪信息等。个人信息中的私密信息，适用有关隐私权的规定；没有规定的，适用有关个人信息保护的规定。本题中，张某因出售公民个人信息被判刑，孙某的姓名、身份证号码、家庭住址等信息也在其中，买方是某公司，故张某和某公司均侵害了孙某对其个人信息享有的民事权益，需要承担民事责任。据此，本题中 D 错误，C 正确。

6. ABCD。公民张某享有健康权，医生手术时误将其一肾脏摘除，影响了张某身体完整和健康，侵犯了张某的健康权，且因术后感染死亡则侵犯其生命权，因此 A 正确。《最高人民法院关于审理人身损害赔偿案件适用法律若干问题的解释》第 1 条规定，因生命、身体、健康遭受侵害，赔偿权利人起诉请求赔偿义务人赔偿物质损害和精神损害的，人民法院应予受理。本条所称"赔偿权利人"，是指因侵权行为或者其他致害原因直接遭受人身损害的受害人以及死亡受害人的近亲属。本条所称"赔偿义务人"，是指因自己或者他人的侵权行为以及其他致害原因依法应当承担民事责任的自然人、法人或者非法人组织。故 BCD 正确。

专题五　婚姻家庭

考点 56　结婚

无效婚姻	（1）原因： ①一方或者双方没有达到法定婚龄； ②一方或者双方重婚； ③双方有法律规定的禁止结婚的亲属关系。 （2）无效婚姻的确认： ①无效婚姻必须经法院确认。 ②可以申请婚姻无效的主体，包括：婚姻当事人和利害关系人，其中利害关系人为近亲属、基层组织（仅限于重婚导致无效的情形下）。 ③无效婚姻可以被补正：当事人向人民法院请求确认婚姻无效时，法定的婚姻无效情形在提起诉讼时已经消失的，人民法院不予支持。 （3）无效婚姻的法律后果： ①婚姻自始无效，当事人不具有夫妻的权利义务关系。 ②被宣告无效的婚姻，当事人同居期间所得的财产，由当事人协议处理；协议不成的，由人民法院根据照顾无过错方的原则判决。对重婚导致的无效婚姻的财产处理，不得侵害合法婚姻当事人的财产权益。 ③无效婚姻下所生子女与婚生子女具有同等的权利。 ④婚姻无效的，无过错方有权请求损害赔偿。
可撤销婚姻	（1）原因： ①受胁迫成立的婚姻； ②一方隐瞒重大疾病成立的婚姻。 （2）撤销权的行使： ①受胁迫的一方应当向人民法院请求撤销婚姻，且自胁迫行为终止之日起 1 年内提出，如果人身自由受到非法限制，请求撤销婚姻应当自其恢复人身自由之日起 1 年内提出。 ②因对方隐瞒重大疾病撤销婚姻的，应当自知道或应知道撤销事由之日起 1 年内提出。 （3）可撤销婚姻的法律后果：适用无效婚姻的法律后果。

考点 57　夫妻财产关系

法定	个人财产	（1）一方婚前财产及其在婚后所产生的孳息及自然增值。 （2）一方因受到人身损害获得的赔偿或者补偿。 （3）遗嘱或赠与合同中确定只归夫或妻一方的财产。（结婚前父母为双方购置房屋出资的，该出资应当认定为对自己子女的个人赠与，但父母明确表示赠与双方的除外。婚后由一方父母出资为子女购买的不动产，产权登记在出资人子女名下的，视为对子女一方的赠与，为一方的个人财产） （4）一方专用的生活用品。 （5）军人的伤亡保险金、伤残补助金、医药生活补助费。 （6）夫妻一方婚前签订不动产买卖合同，以个人财产支付首付款并在银行贷款，婚后用夫妻双方共同财产还贷，不动产登记于首付款支付方名下的，离婚时该不动产由双方协议处理。双方不能达成协议的，可判决该不动产归登记一方，尚未归还的贷款为不动产登记一方的个人债务。双方婚后共同还贷支付的款项及相应财产增值部分，由不动产登记一方对另一方进行补偿。
	共同财产	夫妻在婚姻关系存续期间所得的下列财产（有的是收益，有的是所有权），为夫妻的共同财产，归夫妻共同所有，夫妻对共同所有的财产，有平等的处理权。 （1）工资、奖金、劳务报酬。 （2）生产、经营、投资的收益。 （3）知识产权的收益，是指婚姻关系存续期间，实际取得或者已经明确可以取得的财产性收益。 （4）继承或赠与所得的财产，但遗嘱或赠与合同中确定只归夫或妻一方的财产除外。 （5）当事人结婚前，父母为双方购置房屋出资的，该出资应当认定为对自己子女个人的赠与，但父母明确表示赠与双方的除外。当事人结婚后，父母为双方购置房屋出资的，依照约定处理；没有约定或者约定不明确的，按照继承或者受赠的财产的规定处理。 （6）其他应当归共同所有的财产：一方以个人财产投资取得的收益；男女双方实际取得或者应当取得的住房补贴、住房公积金；男女双方实际取得或者应当取得的养老保险金、破产安置补偿费。 （7）人民法院审理离婚案件，涉及分割发放到军人名下的复员费、自主择业费等一次性费用的，以夫妻婚姻关系存续年限乘以年平均值，所得数额为夫妻共同财产。 （8）夫妻一方个人财产在婚后所取得的除孳息及自然增值外的收益。 （9）由一方婚前承租、婚后用共同财产购买的房屋，登记在一方名下的。

约定	（1）夫妻可以约定婚姻关系存续期间所得的财产以及婚前财产归各自所有、共同所有或部分各自所有、部分共同所有。约定的效力优于法定。 （2）约定应当采用书面形式。没有约定或约定不明确的，适用法定夫妻财产制。 （3）夫妻对婚姻关系存续期间所得的财产约定归各自所有，夫或妻一方对外所负的债务，相对人知道该约定的，以夫或妻一方所有的个人财产清偿。

考点 58　离婚

<table>
<tr>
<td rowspan="3">类型</td>
<td>协议离婚</td>
<td>（1）自婚姻登记机关收到离婚登记申请之日起 30 日内，任何一方不愿意离婚的，可以向婚姻登记机关撤回离婚登记申请。
（2）上述期限届满后 30 日内，双方应当亲自到婚姻登记机关申请发给离婚证；未申请的，视为撤回离婚登记申请。</td>
</tr>
<tr>
<td>诉讼离婚</td>
<td>（1）基本理由是感情确已破裂，且调解无效。
（2）有下列情形之一，调解无效的，应当准予离婚：①重婚或者与他人同居；②实施家庭暴力或者虐待、遗弃家庭成员；③有赌博、吸毒等恶习屡教不改；④因感情不和分居满 2 年；⑤其他导致夫妻感情破裂的情形。一方被宣告失踪，另一方提起离婚诉讼的，应当准予离婚。经人民法院判决不准离婚后，双方又分居满 1 年，一方再次提起离婚诉讼的，应当准予离婚。
（3）离婚诉权的限制：①对现役军人：离婚必须征得军人同意，军人一方有重大过错的除外。②对妇女：女方在怀孕期间、分娩后 1 年内或终止妊娠后 6 个月内，男方不得提出离婚，但女方提出离婚或者人民法院认为确有必要受理男方离婚请求的除外。</td>
</tr>
<tr>
<td>法律
后果</td>
<td>子女关系</td>
</tr>
</table>

法律后果	子女关系	（1）离婚后，不满 2 周岁的子女，以由母亲直接抚养为原则。已满 2 周岁的子女，父母双方对抚养问题协议不成的，由人民法院根据双方的具体情况，按照最有利于未成年子女的原则判决。子女已满 8 周岁的，应当尊重其真实意愿。 （2）父母与子女间的关系，不因父母离婚而消除。 （3）离婚后，子女由一方直接抚养的，另一方应当负担部分或者全部抚养费。负担费用的多少和期限的长短，由双方协议；协议不成的，由法院判决。若有下列情形，子女有权要求有负担能力的父或者母增加抚养费：①不足以维持当地实际生活水平；②患病或上学。 （4）探望权：离婚后，不直接抚养子女的父或母，有探望子女的权利，另一方有协助的义务。

法律 后果	财产分割	（1）个人财产归个人。 （2）共有财产由双方协议处理；协议不成时，由法院根据财产的具体情况，按照照顾子女、女方和无过错方权益的原则判决。 （3）难以确定是个人财产还是共有财产时，主张权利的一方有举证责任，不能举证的，按共同财产处理。 （4）一方生活困难，有负担能力的另一方应给予适当帮助。具体办法由双方协议；协议不成时，由法院判决。 （5）夫妻一方隐藏、转移、变卖、毁损、挥霍夫妻共同财产，或者伪造夫妻共同债务企图侵占另一方财产的，在离婚分割夫妻共同财产时，对该方可以少分或不分。离婚后，另一方发现有上述行为的，可以向人民法院提起诉讼，请求再次分割夫妻共同财产。 （6）离婚时夫妻一方尚未退休、不符合领取基本养老金条件，另一方请求按照夫妻共同财产分割基本养老金的，人民法院不予支持；婚后以夫妻共同财产缴纳基本养老保险费，离婚时一方主张将养老金账户中婚姻关系存续期间个人实际缴纳部分及利息作为夫妻共同财产分割的，人民法院应予支持。
	债务清偿	原则：共同债务以共同财产清偿；个人债务以个人财产清偿。 （1）离婚时，夫妻共同债务应当共同偿还。共同财产不足清偿或者财产归各自所有的，由双方协议清偿；协议不成时，由法院判决。以下为共同债务：①夫妻双方共同签字或者夫妻一方事后追认等共同意思表示所负的债务；②夫妻一方在婚姻关系存续期间以个人名义为婚后家庭共同生活所负的债务。 （2）夫妻一方单独所负债务，由本人偿还。所谓婚后个人债务，指婚后所欠与共同生活无关的，为满足个人需要或资助个人亲友的债务或夫妻约定由个人清偿的债务。个人债务主要包括：夫妻一方在婚姻关系存续期间以个人名义超出家庭日常生活需要所负的债务，并且非用于婚后家庭共同生活、共同生产经营或者非基于夫妻双方共同意思表示。 （3）夫妻一方与第三人串通，虚构债务，第三人主张该债务为夫妻共同债务的，人民法院不予支持。 （4）夫妻一方在从事赌博、吸毒等违法犯罪活动中所负债务，第三人主张该债务为夫妻共同债务的，人民法院不予支持。 （5）夫或者妻一方死亡的，生存一方应当对婚姻关系存续期间的夫妻共同债务承担清偿责任。

离婚救济	（1）离婚经济帮助权： 离婚时，如一方生活困难，有负担能力的另一方应给予适当帮助。 （2）离婚经济补偿权： 夫妻一方因抚育子女、照料老人、协助另一方工作等负担较多义务的，离婚时有权请求另一方补偿。 （3）离婚损害赔偿请求权： ①由无过错方向有过错方主张离婚损害赔偿。 ②有过错的判断标准：重婚；与他人同居；实施家庭暴力；虐待、遗弃家庭成员；有其他重大过错。 ③以当事人提起离婚为前提。

【专题练习】

要点提炼

1. 甲男与乙女通过网聊恋爱，后乙提出分手遭甲威胁，乙无奈遂与甲办理了结婚登记。婚后乙得知，甲婚前就患有医学上不应当结婚的疾病且久治不愈，乙向法院起诉离婚。下列哪些说法是正确的？

　　A. 若乙请求撤销婚姻，法院应判决撤销该婚姻

　　B. 法院应判决宣告该婚姻无效

　　C. 法院判决离婚的，乙可以请求甲赔偿损失

　　D. 当事人可以对法院的处理结果依法提起上诉

2. 刘山峰、王翠花系老夫少妻，刘山峰婚前个人名下拥有别墅一栋。关于婚后该别墅的归属，下列哪一选项是正确的？

　　A. 该别墅不可能转化为夫妻共同财产

　　B. 婚后该别墅自动转化为夫妻共同财产

　　C. 婚姻持续满八年后该别墅即依法转化为夫妻共同财产

　　D. 刘、王可约定婚姻持续满八年后该别墅转化为夫妻共同财产

3. 董楠（男）和申蓓（女）是美术学院同学，共同创作一幅油画作品《爱你一千年》。毕业后二人结婚育有一女。董楠染上吸毒恶习，未经申蓓同意变卖了《爱你一千年》，所得款项用于吸毒。因董楠恶习不改，申蓓在女儿不满1周岁时提起离婚诉讼。下列哪些说法是正确的？

要点提炼

A. 申蓓虽在分娩后 1 年内提出离婚，法院应予受理

B. 如调解无效，应准予离婚

C. 董楠出售《爱你一千年》侵犯了申蓓的物权和著作权

D. 对董楠吸毒恶习，申蓓有权请求离婚损害赔偿

4. 钟某性情暴躁，常殴打妻子柳某，柳某经常找同村未婚男青年杜某诉苦排遣，日久生情。现柳某起诉离婚，关于钟、柳二人的离婚财产处理事宜，下列哪一选项是正确的?

A. 针对钟某家庭暴力，柳某不能向其主张损害赔偿

B. 针对钟某家庭暴力，柳某不能向其主张精神损害赔偿

C. 如柳某婚内与杜某同居，则柳某不能向钟某主张损害赔偿

D. 如柳某婚内与杜某同居，则钟某可以向柳某主张损害赔偿

【专题练习答案及详解】

1. ACD。《民法典》将原《婚姻法》规定的"婚前患有医学上认为不应当结婚的疾病，婚后尚未治愈的"这一导致婚姻无效的情形删去，至此目前无效婚姻的情形仅剩 3 种。《民法典》第 1053 条规定："一方患有重大疾病的，应当在结婚登记前如实告知另一方；不如实告知的，另一方可以向人民法院请求撤销婚姻。请求撤销婚姻的，应当自知道或者应当知道撤销事由之日起一年内提出。"本题中，甲婚前患有重大疾病而未告知乙，符合可撤销婚姻的事由，乙在得知后随即请求法院撤销也符合撤销权除斥期间的规定。因此，A 正确，B 错误。《民法典》第 1054 条第 2 款规定："婚姻无效或者被撤销的，无过错方有权请求损害赔偿。"故 C 正确。当事人对法院判决撤销婚姻不服的，可以上诉。故 D 正确。

2. D。《民法典》第 1063 条规定，下列财产为夫妻一方的个人财产：（1）一方的婚前财产；（2）一方因受到人身损害获得的赔偿或者补偿；（3）遗嘱或者赠与合同中确定只归一方的财产；（4）一方专用的生活用品；（5）其他应当归一方的财产。《最高人民法院关于适用〈中华人民共和国民法典〉婚姻家庭编的解释（一）》第 31 条规定，《民法典》第 1063 条规定为夫妻一方的个人财产，不因婚姻关系的延续而转化为夫妻共同财产。但当事人另有约定的除外。本题中，刘山峰婚前个人名下拥有别墅一栋，属于其婚前个人财产。根据上述规定，ABC 表述均错误，D 正确。

3. ABC。《民法典》第 1082 条规定，女方在怀孕期间、分娩后 1 年内或者终止妊娠后 6 个月内，男方不得提出离婚；但是，女方提出离婚或者人民法院认为确有必要受理男方离婚请求的除外。故 A 正确。《民法典》第 1079 条第 1、2 款规定，夫妻一方要求离婚的，可以由有关组织进行调解或者直接向人民法院提起离婚诉讼。人民法院审理离婚案件，应当进行调解；如果感情确已破裂，调解无效的，应当准予离婚。故 B 正确。《爱你一千年》属于夫妻二人共同创作的油画作品，属于合作作品，该油画属于著作权的载体，两人也属于油画的共有人。董楠未经申蓓同意变卖《爱你一千年》，依《著作权法》和《民法典》的规定，董楠不仅侵犯了申蓓对于油画的物权，而且侵犯了申蓓对油画的著作权中的使用权。故 C 正确。《民法典》第 1091 条规定，有下列情形之一，导致离婚的，无过错方有权请求损害赔偿：（1）重婚；（2）与他人同居；（3）实施家庭暴力；（4）虐待、遗弃家庭成员；（5）有其他重大过错。据此，对董楠吸毒恶习，申蓓无权请求离婚损害赔偿。故 D 错误。

4. C。《民法典》第 1091 条规定，有下列情形之一，导致离婚的，无过错方有权请求损害赔偿：（1）重婚；（2）与他人同居；（3）实施家庭暴力；（4）虐待、遗弃家庭成员；（5）有其他重大过错。《最高人民法院关于适用〈中华人民共和国民法典〉婚姻家庭编的解释（一）》第 86 条规定，《民法典》第 1091 条规定的"损害赔偿"，包括物质损害赔偿和精神损害赔偿。涉及精神损害赔偿的，适用《最高人民法院关于确定民事侵权精神损害赔偿责任若干问题的解释》的有关规定。本题中，根据上述规定，钟某实施家庭暴力，柳某有权向其主张损害赔偿，且该损害赔偿包括精神损害赔偿，故 AB 说法均错误，不选。《最高人民法院关于适用〈中华人民共和国民法典〉婚姻家庭编的解释（一）》第 90 条规定，夫妻双方均有《民法典》第

1091 条规定的过错情形，一方或者双方向对方提出离婚损害赔偿请求的，人民法院不予支持。《最高人民法院关于适用〈中华人民共和国民法典〉婚姻家庭编的解释（一）》第 2 条规定，《民法典》第 1042 条、第 1079 条、第 1091 条规定的"与他人同居"的情形，是指有配偶者与婚外异性，不以夫妻名义，持续、稳定地共同居住。依该两条规定，本题中，如柳某婚内与杜某同居，属于"有配偶者与他人同居的"，根据上述规定，钟某不能向柳某主张损害赔偿，故 D 错误，C 正确。

专题六 继 承

考点 59 法定继承

法定继承的适用范围	(1) 没有遗赠扶养协议、遗赠、遗嘱继承； (2) 遗嘱继承人放弃继承或者受遗赠人放弃受遗赠； (3) 遗嘱继承人丧失继承权或者受遗赠人丧失受遗赠权； (4) 遗嘱继承人、受遗赠人先于遗嘱人死亡或终止； (5) 遗嘱无效部分所涉及的遗产； (6) 遗嘱未处分的遗产。
法定继承人的范围、顺序和遗产分配	(1) 法定继承人的范围和顺序： ①第一顺序：配偶、子女、父母；对公婆或岳父母尽了主要赡养义务的丧偶儿媳和丧偶女婿。 ②第二顺序：兄弟姐妹、祖父母、外祖父母。 (2) 法定继承中的遗产分配： 一般应均等，特殊情况下不均等： ①对于生活有特殊困难又缺乏劳动能力的继承人，分配遗产时应给予照顾。 ②对被继承人尽了主要扶养义务或者与被继承人共同生活的继承人，分配遗产时可以多分。 ③有扶养能力和扶养条件的继承人不尽扶养义务的，在分配遗产时应当不分或者少分。 ④继承人协商同意的，也可以不均等。

考点 60　代位继承与转继承

	代位继承	转继承
定义	指被继承人的子女先于被继承人死亡的，死亡的子女的直系晚辈血亲代位继承被继承人遗产的制度。	指继承人在继承开始后，遗产分割之前死亡，其应继承的遗产转由他的合法继承人继承的制度。
适用范围	只适用于法定继承，不适用于遗嘱继承。	法定继承、遗嘱继承均适用。
适用条件	（1）被代位继承人必须是被继承人的子女，并且先于被继承人死亡或宣告死亡，这是代位继承的首要条件。 （2）代位继承人只限于被继承人子女的晚辈直系血亲，而且没有代数的限制。 （3）被继承人的兄弟姐妹先于被继承人死亡的，由被继承人的兄弟姐妹的子女代位继承。	（1）基于继承人后于被继承人死亡的事实而发生的。 （2）转继承人可以是被继承人的晚辈直系血亲，也可以是被继承人的其他法定继承人。
结果	代位继承人一般只能继承被代位继承人有权继承的继承份额。	转继承人要按继承顺序继承遗产。

考点 61　遗嘱、遗赠和遗赠扶养协议

遗嘱	分类	公证遗嘱：由遗嘱人经公证机关办理。
		自书遗嘱：必须由立遗嘱人全文亲笔书写、签名，注明制作的年、月、日。自书遗嘱不需要见证人在场见证即具有法律效力。
		打印遗嘱：应当有两个以上见证人在场见证。遗嘱人和见证人应当在遗嘱每一页签名，注明年、月、日。
		代书遗嘱：应当有两个以上见证人在场见证，由其中一人代书，注明年、月、日，并由代书人、其他见证人和遗嘱人签名。
		录音录像遗嘱：以录音录像形式设立的遗嘱，应当有两个以上的见证人在场见证。遗嘱人和见证人应当在录音录像中记录其姓名或者肖像以及年、月、日。
		口头遗嘱：遗嘱人在危急情况下，可以立口头遗嘱。口头遗嘱应当有两个以上见证人在场见证。危急情况解除后，遗嘱人能够用书面或者录音形式立遗嘱的，所立的口头遗嘱无效。

遗嘱	有效要件	（1）立遗嘱人必须有遗嘱能力，即立遗嘱时必须具有完全民事行为能力。 （2）遗嘱人在立遗嘱时必须意思表示真实。 （3）遗嘱内容必须合法，即遗嘱的内容不得违反法律、社会公德。 （4）遗嘱的形式必须符合《民法典》继承编的规定。
	无效要件	（1）伪造的遗嘱无效。 （2）遗嘱被篡改的，篡改的内容无效。 （3）受胁迫、欺诈所立的遗嘱无效。 （4）无民事行为能力人或者限制民事行为能力人所立的遗嘱无效。 （5）处分了属于国家、集体或他人所有的财产的遗嘱无效。
	遗嘱人可以撤回、变更自己所立的遗嘱。 （1）立遗嘱后，遗嘱人实施与遗嘱内容相反的民事法律行为的，视为对遗嘱相关内容的撤回。 （2）立有数份遗嘱，内容相抵触的，以最后的遗嘱为准。	
遗赠	自然人可以立遗嘱将个人财产赠与国家、集体或者法定继承人以外的组织、个人。	
遗赠扶养协议	自然人可以与继承人以外的组织或者个人签订遗赠扶养协议。按照协议，该组织或者个人承担该自然人生养死葬的义务，享有受遗赠的权利。	
注意：遗嘱继承效力高于法定继承，低于遗赠扶养协议。		

【专题练习】

要点提炼

1. 熊某与杨某结婚后，杨某与前夫所生之子小强一直由二人抚养，熊某死亡，未立遗嘱。熊某去世前杨某孕有一对龙凤胎，于熊某死后生产，产出时男婴为死体，女婴为活体但旋即死亡。关于对熊某遗产的继承，下列哪些选项是正确的？

A. 杨某、小强均是第一顺位的法定继承人

B. 女婴死亡后，应当发生法定的代位继承

C. 为男婴保留的遗产份额由杨某、小强继承

D. 为女婴保留的遗产份额由杨某继承

要点提炼

2. 甲自书遗嘱将所有遗产全部留给长子乙，并明确次子丙不能继承。乙与丁婚后育有一女戊、一子己。后乙、丁遇车祸，死亡先后时间不能确定。甲悲痛成疾，不久去世。丁母健在。下列哪些表述是正确的？

A. 甲、戊、己有权继承乙的遗产

B. 丁母有权转继承乙的遗产

C. 戊、己、丁母有权继承丁的遗产

D. 丙有权继承、戊和己有权代位继承甲的遗产

3. 甲与保姆乙约定：甲生前由乙照料，死后遗产全部归乙。乙一直细心照料甲。后甲女儿丙回国，与乙一起照料甲，半年后甲去世。丙认为自己是第一顺序继承人，且尽了义务，主张甲、乙约定无效。下列哪一表述是正确的？

A. 遗赠抚养协议有效

B. 协议部分无效，丙可以继承甲的一半遗产

C. 协议无效，应按法定继承处理

D. 协议有效，应按遗嘱继承处理

【专题练习答案及详解】

1. ACD。《民法典》第 1127 条规定，遗产按照下列顺序继承：（1）第一顺序：配偶、子女、父母；（2）第二顺序：兄弟姐妹、祖父母、外祖父母。继承开始后，由第一顺序继承人继承，第二顺序继承人不继承；没有第一顺序继承人继承的，由第二顺序继承人继承。本编所称子女，包括婚生子女、非婚生子女、养子女和有扶养关系的继子女。本编所称父母，包括生父母、养父母和有扶养关系的继父母。本编所称兄弟姐妹，包括同父母的兄弟姐妹、同父异母或者同母异父的兄弟姐妹、养兄弟姐妹、有扶养关系的继兄弟姐妹。本题中，熊某与杨某结婚后，杨某与前夫所生之子小强一直由二人抚养，所以，杨某作为配偶属于熊某的第一顺位的法定继承人；小强作为有扶养关系的继子女，也属于熊某的第一顺位的法定继承人。据此，A 正确，当选。《民法典》第 1128 条规定，被继承人的子女先于被继承人死亡的，由被继承人的子女的直系晚辈血亲代位继承。被继承人的兄弟姐妹先于被继承人死亡的，由被继承人的兄弟姐妹的子女代位继承。代位继承人一般只能继承被代位继承人有权继承的遗产份额。由此可见，被继承人的子女先于被继承人死亡的，才发生代位继承，本题中，女婴作为被继承人的子女，后于被继承人死亡，不可能发生代位继承。故 B 错误，不选。《民法典》第 1155 条规定，遗产分割时，应当保留胎儿的继承份额。胎儿娩出时是死体的，保留的份额按照法定继承办理。《民法典》第 16 条规定，涉及遗产继承、接受赠与等胎儿利益保护的，胎儿视为具有民事权利能力。但是，胎儿娩出时为死体的，其民事权利能力自始不存在。本题中，熊某去世前杨某孕有一对龙凤胎，杨某于熊某死后生产，产出时男婴为死体，女婴为活体但旋即死亡。根据上述规定，为男婴保留的遗产份额应由被继承人熊某的继承人杨某、小强继承；为女婴保留的遗产份额应由女婴的继承人杨某继承。故 CD 均为正确选项。

2. ACD。《民法典》第 1127 条规定，遗产按照下列顺序继承：（1）第一顺序：配偶、子女、父母；（2）第二顺序：兄弟姐妹、祖父母、外祖父母。继承开始后，由第一顺序继承人继承，第二顺序继承人不继承；没有第一顺序继承人继承的，由第二顺序继承人继承。本编所称子女，包括婚生子女、非婚生子女、养子女和有扶养关系的继子女。本编所称父母，包括生父母、养父母和有扶养关系的继父母。本编所称兄弟姐妹，包括同父母的兄弟姐妹、同父异母或者同母异父的兄弟姐妹、养兄弟姐妹、有扶养关系的继兄弟姐妹。据此，甲、戊、己作为乙的第一顺序遗产继承人，有权继承乙的遗产，A 正确；戊、己、丁母作为丁的第一顺序遗产继承人，有权继承丁的遗产，C 正确。《民法典》第 1121 条规定，继承从被继承人死亡时开始。相互有继承关系的数人在同一事件中死亡，难以确定死亡时间的，推定没有其他继承人的人先死亡。都有其他继承人，辈份不同的，推定长辈先死亡；辈份相同的，推定同时死亡，相互不发生继承。据此，乙、丁虽彼此为第一顺序法定继承人，但彼此之间不发生继承，故丁母无从转继承乙的遗产，B 错误。《民法典》第 1154 条规定，有下列情形之一的，遗产中的有关部分按照法定继承办理：（1）遗嘱继承人放弃继承或者受遗赠人放弃受遗赠；（2）遗嘱继承人丧失继承权或者受遗赠人丧失受遗赠权；（3）遗嘱继承人、受遗赠人先于遗嘱人死亡或者终止；（4）遗嘱无效部分所涉及的遗产；（5）遗嘱未处分的遗产。《民法典》第 1128

条规定，被继承人的子女先于被继承人死亡的，由被继承人的子女的直系晚辈血亲代位继承。被继承人的兄弟姐妹先于被继承人死亡的，由被继承人的兄弟姐妹的子女代位继承。代位继承人一般只能继承被代位继承人有权继承的遗产份额。因此本题中甲的遗产按照法定继承办理，而不是按照遗嘱继承办理，这样丙作为第一顺序法定继承人有权继承甲的遗产。又因为甲的长子乙先于被继承人甲死亡，戊和己有权代位乙继承甲的遗产。故 D 正确。

3. A。《民法典》第 1158 条规定，自然人可以与继承人以外的组织或者个人签订遗赠扶养协议。按照协议，该组织或者个人承担该自然人生养死葬的义务，享有受遗赠的权利。据此，甲与保姆乙的约定合法有效，构成遗赠扶养协议，故 A 正确。

专题七　侵权责任

考点 62　归责原则与构成要件

归责原则与构成要件	过错责任		加害人有过错时才承担责任，受害人需要证明加害人有过错。 过错责任是一般原则，法律未特别规定的，都适用过错责任原则。
			构成要件：损害、违法行为、因果关系、过错。
		过错推定责任	加害人有过错时才承担责任，法律直接推定加害人有过错。 在法律有规定时适用。
			构成要件：损害、行为、因果关系、推定过错。（受害人无需证明加害人有过错，法律直接推定其有过错，但加害人可以证明自己无过错而免于承担责任）
		无过错责任	不考虑加害人过错状况，无论其有无过错都要承担责任。 在法律有规定时适用。
			构成要件：损害、行为、因果关系。
公平分担损失	双方对损害发生均无过错，且不适用无过错责任，由双方按照经济能力等因素公平分担损失；分担者非构成侵权，不能称之为公平责任。		

考点 63　免责事由的一般规则

法定情形	过错相抵：受害人的过错——减轻侵权责任。
	受害人故意：受害人的故意——行为人免责。
	第三人原因：损害因第三人造成，第三人承担侵权责任。

法定情形	不可抗力：因不可抗力造成他人损害的，不承担责任。
	正当防卫：因正当防卫造成损害的，不承担责任。防卫过当，承担适当的责任。
	紧急避险： （1）因紧急避险造成损害的，引起险情发生的人承担责任。 （2）危险由自然原因引起的，紧急避险人不承担责任，可以给予适当补偿。 （3）紧急避险采取措施不当或者超过必要的限度，造成不应有的损害的，紧急避险人应当承担适当责任。
	自甘风险：自愿参加具有一定风险的文体活动，因其他参加者的行为受到损害的，受害人不得请求其他参加者承担侵权责任；但是，其他参加者对损害的发生有故意或者重大过失的除外。
	自助行为：合法权益受到侵害，情况紧迫且不能及时获得国家机关保护，不立即采取措施将使其合法权益受到难以弥补的损害的，受害人可以在保护自己合法权益的必要范围内采取扣留侵权人的财物等合理措施；但是，应当立即请求有关国家机关处理。受害人采取的措施不当造成他人损害的，应当承担侵权责任。
其他理由	执行职务；受害人同意。

考点 64　数人侵权

因共同故意或过失，共同实施侵权行为	包括无分工的共同侵权及有分工的共同侵权，各侵权人承担连带侵权责任。
非共同故意或过失的分别实施的数个侵权行为造成同一损害	（1）每个人的侵权行为都足以造成全部损害的，行为人承担连带责任。 （2）每个人的侵权行为不足以造成全部损害的，能够确定责任大小的，各自承担相应的责任；难以确定责任大小的，平均承担赔偿责任。
教唆、帮助侵权	（1）教唆、帮助完全民事行为能力人实施侵权行为，承担连带责任。 （2）教唆、帮助无民事行为能力人、限制民事行为能力人实施侵权行为：由教唆、帮助人承担侵权责任；该无民事行为能力人、限制民事行为能力人的监护人未尽到监护职责的，应当承担相应的责任。
共同危险行为	二人以上实施危及他人人身、财产安全的行为，其中一人或者数人的行为造成他人损害的，能够确定具体侵权人的，由侵权人承担责任；不能确定具体侵权人的，行为人承担连带责任。

考点 65　责任主体的特殊规定

监护人责任	监护人对被监护人实施的侵权行为，承担无过错责任。监护人尽到监护职责的，可以减轻其侵权责任。
	被监护人有财产的，从本人财产中支付赔偿费用。不足部分，由监护人赔偿。
委托监护责任	无民事行为能力人、限制民事行为能力人造成他人损害，监护人将监护职责委托给他人的，监护人应当承担侵权责任；受托人有过错的，承担相应的责任。
丧失意识侵权责任	完全民事行为能力人对自己的行为暂时没有意识或者失去控制造成他人损害有过错的，应当承担侵权责任；没有过错的，根据行为人的经济状况对受害人适当补偿。
	完全民事行为能力人因醉酒、滥用麻醉药品或者精神药品对自己的行为暂时没有意识或者失去控制造成他人损害的，应当承担侵权责任。
教育机构责任	教育机构自己侵权责任： （1）无民事行为能力人在幼儿园、学校或者其他教育机构学习、生活期间受到人身损害的，幼儿园、学校或者其他教育机构承担过错推定责任；但是，能够证明尽到教育、管理职责的，不承担侵权责任。 （2）限制民事行为能力人在学校或者其他教育机构学习、生活期间受到人身损害的，学校或者其他教育机构未尽到教育、管理职责的，承担过错责任。
	第三人侵权时教育机构的责任：由第三人承担侵权责任，幼儿园、学校或者其他教育机构未尽到管理职责的，承担相应的补充责任。幼儿园、学校或者其他教育机构承担补充责任后，可以向第三人追偿。
用人者责任	用人单位责任： （1）工作人员因执行工作造成他人损害的，用人单位承担侵权责任。用人单位承担侵权责任后，可以向有故意或者重大过失的工作人员追偿。 （2）劳务派遣人员因执行工作任务造成他人损害的，由接受劳务派遣的用工单位承担侵权责任；劳务派遣单位有过错的，承担相应的责任。
	个人使用人责任： （1）个人之间形成劳务关系，提供劳务一方因劳务造成他人损害的，由接受劳务一方承担侵权责任。接受劳务一方承担侵权责任后，可以向有故意或者重大过失的提供劳务一方追偿。 （2）提供劳务一方因劳务自己受到损害的，根据双方各自的过错承担相应的责任。 （3）提供劳务期间，因第三人的行为造成提供劳务一方损害的，提供劳务一方有权请求第三人承担侵权责任，也有权请求接受劳务一方给予补偿。接受劳务一方补偿后，可以向第三人追偿。

网络侵权责任	网络用户、网络服务提供者对自己侵权行为承担过错责任。
	网络服务提供者对网络用户侵权行为承担责任。 （1）提示规则：网络用户侵权——被侵权人通知——网络服务提供者接到通知后未及时采取必要措施的——就扩大的损害，与该网络用户承担连带责任。 （2）明知规则：网络服务提供者知道或者应当知道网络用户侵权，未采取必要措施，与该网络用户承担连带责任。
违反安全保障义务的责任	违反安全保障义务的人自己侵权行为责任： 宾馆、商场、银行、车站、机场、体育场馆、娱乐场所等经营场所、公共场所的经营者、管理者或者群众性活动的组织者，未尽到安全保障义务，造成他人损害的，应当承担侵权责任。
	第三人侵权，违反安全保障义务人的责任： 第三人承担侵权责任，经营者、管理者或者组织者未尽到安全保障义务的，承担相应的补充责任。经营者、管理者或者组织者承担补充责任后，可以向第三人追偿。

考点 66　产品责任

责任分担	外部被侵权人的求偿：受害人可以选择要求生产者、销售者承担无过错责任。
	内部责任分担及追偿： （1）生产者：无过错责任。 （2）销售者：过错导致产品缺陷；不能指明缺陷产品的生产者。 （3）第三人：运输者、仓储者等第三人过错导致产品缺陷。 向被侵权人承担了责任的主体有权向应该承担责任的人追偿。
特殊的责任方式	非现实损害的责任方式：停止侵害、排除妨碍、消除危险。
	停止销售、警示、召回：产品投入流通后发现存在缺陷的，生产者、销售者应当及时采取停止销售、警示、召回等补救措施；未及时采取补救措施或者补救措施不力造成损害扩大的，对扩大的损害也应当承担侵权责任。
惩罚性赔偿责任	生产者、销售者明知产品存在缺陷仍然生产、销售，或者没有依法采取有效补救措施，造成他人死亡或者健康严重损害的，被侵权人有权请求相应的惩罚性赔偿。

考点 67 机动车交通事故责任

一般规则	先由保险人在机动车第三者责任强制保险责任限额范围内予以赔偿，不足部分： （1）机动车之间发生事故——双方承担过错归责原则。 （2）机动车与非机动车及行人之间发生事故——机动车一方承担无过错责任；非机动车一方有过错，减轻机动车方责任（机动车一方没有过错的，承担不超过10%的赔偿责任）；非机动车一方故意碰撞，机动车免责。
主体的 特殊规定	（1）租赁、借用机动车：使用人承担责任；所有人、管理人有过错的，承担相应责任。 （2）转让机动车：已交付但未办理所有权转移登记，受让人承担责任。 （3）以挂靠形式经营的机动车：挂靠人和被挂靠人承担连带责任。 （4）未经允许驾驶他人机动车：机动车使用人承担赔偿责任；机动车所有人、管理人对损害的发生有过错的，承担相应的赔偿责任。 （5）转让拼装或者已达到报废标准的机动车：转让人和受让人承担连带责任。 （6）盗窃、抢劫或者抢夺的机动车：盗窃人、抢劫人或者抢夺人承担赔偿责任。盗窃人、抢劫人或者抢夺人与机动车使用人不是同一人，发生交通事故造成损害，属于该机动车一方责任的，由盗窃人、抢劫人或者抢夺人与机动车使用人承担连带责任。保险人在机动车强制保险责任限额范围内垫付抢救费用的，有权向交通事故责任人追偿。 **总结**：风险控制主义：实际控制人承担责任。
机动车驾驶人 交通事故逃逸	机动车确定且参加强制保险：由保险人在机动车强制保险责任限额范围内予以赔偿。 机动车不明、该机动车未参加强制保险或者抢救费用超过机动车强制保险责任限额——道路交通事故社会救助基金人身垫付伤亡的抢救、丧葬等费用——管理机构有权向交通事故责任人追偿。
好意同乘的 责任承担	非营运机动车发生交通事故造成无偿搭乘人损害：属于该机动车一方责任的，应当减轻其赔偿责任，但是机动车使用人有故意或者重大过失的除外。

考点 68 医疗损害责任

一般规则	过错责任：未尽说明义务；未取得同意（抢救例外）；未尽到与当时的医疗水平相应的诊疗义务。
特殊情况	过错推定责任： （1）违反法律、行政法规、规章以及其他有关诊疗规范的规定； （2）隐匿或者拒绝提供与纠纷有关的病历资料； （3）遗失、伪造、篡改或者违法销毁病历资料。

法定免责事由	（1）患者或者其近亲属不配合医疗机构进行符合诊疗规范的诊疗。 （2）医务人员在抢救生命垂危的患者等紧急情况下已经尽到合理诊疗义务。 （3）限于当时的医疗水平难以诊疗。
缺陷药品、消毒产品、医疗器械、不合格血液致人损害	不真正连带责任：因药品、消毒产品、医疗器械的缺陷，或者输入不合格的血液造成患者损害的： （1）患者可以向药品上市许可持有人、生产者、血液提供机构请求赔偿，也可以向医疗机构请求赔偿。 （2）患者向医疗机构请求赔偿的，医疗机构赔偿后，有权向负有责任的药品上市许可持有人、生产者、血液提供机构追偿。

考点 69　环境污染和生态破坏责任

归责原则	污染环境、破坏生态的行为人承担无过错责任。
举证责任分配	因果关系举证责任倒置：侵权人证明损害与污染行为之间不存在因果关系。 受害人需证明损害及侵权人有污染行为；侵权人需证明损害与污染行为之间不存在因果关系及其他免责事由。
第三人过错导致环境污染侵权	不真正连带责任。 被侵权人可以向侵权人请求赔偿，也可以向第三人请求赔偿。侵权人赔偿后，有权向第三人追偿。
惩罚性赔偿	侵权人违反法律规定故意污染环境、破坏生态造成严重后果的，被侵权人有权请求相应的惩罚性赔偿。
生态环境修复责任	（1）违反国家规定造成生态环境损害，生态环境能够修复的，国家规定的机关或者法律规定的组织有权请求侵权人在合理期限内承担修复责任。 （2）侵权人在期限内未修复的，国家规定的机关或者法律规定的组织可以自行或者委托他人进行修复，所需费用由侵权人负担。
公益诉讼赔偿范围	（1）生态环境受到损害至修复完成期间服务功能丧失导致的损失。 （2）生态环境功能永久性损害造成的损失。 （3）生态环境损害调查、鉴定评估等费用。 （4）清除污染、修复生态环境费用。 （5）防止损害的发生和扩大所支出的合理费用。

考点 70　饲养动物损害责任

一般规则	饲养人或者管理人承担无过错责任，但能够证明损害是因被侵权人故意或者重大过失造成的，可以不承担或者减轻责任。
特殊规则	（1）违反管理规定，未对动物采取安全措施造成他人损害，动物饲养人或者管理人应当承担侵权责任；但是，能够证明损害是因被侵权人故意造成的，可以减轻责任。 （2）禁止饲养的烈性犬等危险动物造成他人损害，动物饲养人或者管理人应当承担侵权责任（受害人故意或者重大过失不能作为免责事由）。 （3）动物园的动物造成他人损害的，动物园承担过错推定责任（证明自己尽到管理职责可免责）。
第三人过错导致饲养动物侵权	不真正连带责任：被侵权人可以向动物饲养人或者管理人请求赔偿，也可以向第三人请求赔偿。动物饲养人或者管理人赔偿后，有权向第三人追偿。

考点 71　建筑物和物件损害责任

建筑物及悬挂物等脱落、坠落责任	建筑物、构筑物或者其他设施及其搁置物、悬挂物发生脱落、坠落造成他人损害： （1）所有人、管理人或者使用人承担过错推定责任。 （2）所有人、管理人或者使用人赔偿后，有其他责任人的，有权向其他责任人追偿。
建筑物倒塌、塌陷责任	建筑物、构筑物或者其他设施倒塌、塌陷造成他人损害： （1）建设单位与施工单位承担无过错连带责任，但是建设单位与施工单位能够证明不存在质量缺陷的除外。建设单位、施工单位赔偿后，有其他责任人的，有权向其他责任人追偿。 （2）因所有人、管理人、使用人或者第三人的原因，建筑物、构筑物或者其他设施倒塌、塌陷造成他人损害的，由所有人、管理人、使用人或者第三人承担侵权责任。

不明抛掷物、坠落物致害责任	（1）从建筑物中抛掷物品或者从建筑物上坠落的物品造成他人损害的，由侵权人依法承担侵权责任；经调查难以确定具体侵权人的，除能够证明自己不是侵权人的外，由可能加害的建筑物使用人给予补偿。可能加害的建筑物使用人补偿后，有权向侵权人追偿。 （2）物业服务企业等建筑物管理人应当采取必要的安全保障措施防止前述情形的发生；未采取必要的安全保障措施的，应当依法承担未履行安全保障义务的侵权责任。 （3）发生前述情形的，公安等机关应当依法及时调查，查清责任人。
堆放物、林木侵权	（1）堆放物倒塌、滚落或者滑落造成他人损害，堆放人不能证明自己没有过错的，应当承担侵权责任。（过错推定） （2）在公共道路上堆放、倾倒、遗撒妨碍通行的物品造成他人损害的，由行为人承担侵权责任。（过错责任）公共道路管理人不能证明已经尽到清理、防护、警示等义务的，应当承担相应的责任。（过错推定） （3）因林木折断、倾倒或者果实坠落等造成他人损害，林木的所有人或者管理人不能证明自己没有过错的，应当承担侵权责任。（过错推定）
地面施工、地下设施致损责任	（1）在公共场所或者道路上挖掘、修缮安装地下设施等造成他人损害，施工人不能证明已经设置明显标志和采取安全措施的，应当承担侵权责任。（过错推定） （2）窨井等地下设施造成他人损害，管理人不能证明尽到管理职责的，应当承担侵权责任。（过错推定）

【专题练习】

要点提炼

1. 刘婆婆回家途中，看见邻居肖婆婆带着外孙小勇和另一家邻居的孩子小囡（均为4岁多）在小区花园中玩耍，便上前拿出几根香蕉递给小勇，随后离去。小勇接过香蕉后，递给小囡一根，小囡吞食时误入气管导致休克，经抢救无效死亡。对此，下列哪一选项是正确的？

A. 刘婆婆应对小囡的死亡承担民事责任

B. 肖婆婆应对小囡的死亡承担民事责任

C. 小勇的父母应对小囡的死亡承担民事责任

D. 属意外事件，不产生相关人员的过错责任

2. 姚某旅游途中，前往某玉石市场参观，在唐某经营的摊位上拿起一只翡翠手镯，经唐某同意后试戴，并问价。唐某报价18万元（实际进货价8万元，市价9万元），姚某感觉价格太高，急忙取下，不慎将手镯摔断。关于姚某的赔偿责任，下列哪一选项是正确的？

A. 应承担违约责任

B. 应赔偿唐某8万元损失

C. 应赔偿唐某9万元损失

D. 应赔偿唐某18万元损失

3. 甲、乙、丙三家毗邻而居，甲、乙分别饲养山羊各一只。某日二羊走脱，将丙辛苦栽培的珍稀药材悉数啃光。关于甲、乙的责任，下列哪些选项是正确的？

A. 甲、乙可各自通过证明已尽到管理职责而免责

B. 基于共同致害行为，甲、乙应承担连带责任

C. 如能确定二羊各自啃食的数量，则甲、乙各自承担相应赔偿责任

D. 如不能确定二羊各自啃食的数量，则甲、乙平均承担赔偿责任

4. 甲电器销售公司的安装工人李某在为消费者黄某安装空调的过程中，不慎从高处掉落安装工具，将路人王某砸成重伤。李某是乙公司的劳务派遣人员，此前曾多次发生类似小事故，甲公司曾要求乙公司另派他人，但乙公司未予换人。下列哪一选项是错误的？

A. 对王某的赔偿责任应由李某承担，黄某承担补充责任

B. 对王某的赔偿责任应由甲公司承担，乙公司承担补充责任

C. 甲公司与乙公司应对王某承担连带赔偿责任

D. 对王某的赔偿责任承担应采用过错责任原则

5. 某洗浴中心大堂处有醒目提示语："到店洗浴客人的贵重物品，请放前台保管"。

甲在更衣时因地滑摔成重伤，并摔碎了手上价值 20 万元的定情信物玉镯。经查明：因该中心雇用的清洁工乙清洁不彻底，地面湿滑导致甲摔倒。下列哪一选项是正确的?

    A. 甲应自行承担玉镯损失

    B. 洗浴中心应承担玉镯的全部损失

    C. 甲有权请求洗浴中心赔偿精神损害

    D. 洗浴中心和乙对甲的损害承担连带责任

6. 李某用 100 元从甲商场购买一只电热壶，使用时因漏电致李某手臂灼伤，花去医药费 500 元。经查该电热壶是乙厂生产的。下列哪一表述是正确的?

    A. 李某可直接起诉乙厂要求其赔偿 500 元损失

    B. 根据合同相对性原理，李某只能要求甲商场赔偿 500 元损失

    C. 如李某起诉甲商场，则甲商场的赔偿范围以 100 元为限

    D. 李某只能要求甲商场更换电热壶，500 元损失则只能要求乙厂承担

7. 周某从迅达汽车贸易公司购买了 1 辆车，约定周某试用 10 天，试用期满后 3 天内办理登记过户手续。试用期间，周某违反交通规则将李某撞成重伤。现周某困难，无力赔偿。关于李某受到的损害，下列哪一表述是正确的?

    A. 因在试用期间该车未交付，李某有权请求迅达公司赔偿

    B. 因该汽车未过户，不知该汽车已经出卖，李某有权请求迅达公司赔偿

    C. 李某有权请求周某赔偿，因周某是该汽车的使用人

    D. 李某有权请求周某和迅达公司承担连带赔偿责任，因周某和迅达公司是共同侵权人

8. 田某突发重病神志不清，田父将其送至医院，医院使用进口医疗器械实施手术，手术失败，田某死亡。田父认为医院在诊疗过程中存在一系列违规操作，应对田某的死亡承担赔偿责任。关于本案，下列哪一选项是正确的?

    A. 医疗损害适用过错责任原则，由患方承担举证责任

    B. 医院实施该手术，无法取得田某的同意，可自主决定

    C. 如因医疗器械缺陷致损，患方只能向生产者主张赔偿

    D. 医院有权拒绝提供相关病历，且不会因此承担不利后果

9. 甲、乙、丙三家公司生产三种不同的化工产品，生产场地的排污口相邻。某年，当地大旱导致河水水位大幅下降，三家公司排放的污水混合发生化学反应，产生有毒物质致使河流下游丁养殖场的鱼类大量死亡。经查明，三家公司排放的污水均分别经过处理且符合国家排放标准。后丁养殖场向三家公司索赔。下列哪一选项是正确的?

    A. 三家公司均无过错，不承担赔偿责任

    B. 三家公司对丁养殖场的损害承担连带责任

C. 本案的诉讼时效是 2 年

D. 三家公司应按照污染物的种类、排放量等因素承担责任

10. 王某因全家外出旅游，请邻居戴某代为看管其饲养的宠物狗。戴某看管期间，张某偷狗，被狗咬伤。关于张某被咬伤的损害，下列哪一选项是正确的？

A. 王某应对张某所受损害承担全部责任

B. 戴某应对张某所受损害承担全部责任

C. 王某和戴某对张某损害共同承担全部责任

D. 王某或戴某不应对张某损害承担全部责任

11. 张小飞邀请关小羽来家中做客，关小羽进入张小飞所住小区后，突然有一块砚台从小区的高楼内抛出，将关小羽砸伤。关于砸伤关小羽的责任承担，下列哪一选项是正确的？

A. 张小飞违反安全保障义务，应承担侵权责任

B. 顶层业主通过证明当日家中无人，可以免责

C. 小区物业违反安全保障义务，应承担侵权责任

D. 如查明砚台系从 10 层抛出，10 层以上业主仍应承担补充责任

【专题练习答案及详解】

1. D。《民法典》第 1165 条规定，行为人因过错侵害他人民事权益造成损害的，应当承担侵权责任。对于本题案件，最高人民法院曾经认为，法律应当鼓励民事主体积极地展开社会交往，未成年人间无明显安全隐患的食物分享行为不能认定有过错。因此，整个事件中，各方均无过错，属于意外事件，不产生相关人员的过错责任。据此，ABC 错误，D 正确。

2. C。违约责任是合同法律关系中，违约方应当向守约方承担的责任。本题中，双方并未订立合同，不可能承担违约责任。故 A 错误。《民法典》第 1184 条规定，侵害他人财产的，财产损失按照损失发生时的市场价格或者其他合理方式计算。姚某不慎将手镯摔断，侵害了他人的合法财产，应按照财产的市场价格赔偿他人的损失，现手镯的市场价为 9 万元，故姚某应赔偿唐某 9 万元损失。综上，C 正确，BD 错误。

3. CD。《民法典》第 1245 条规定，饲养的动物造成他人损害的，动物饲养人或者管理人应当承担侵权责任；但是，能够证明损害是因被侵权人故意或者重大过失造成的，可以不承担或者减轻责任。本题中，甲、乙分别饲养山羊各一只。某日二羊走脱，将丙辛苦栽培的珍稀药材悉数啃光。由此可知，丙的损害应该由甲乙两人承担，且甲、乙不能通过证明已尽到管理职责而免责。故 A 错误。《民法典》第 1168 条规定，二人以上共同实施侵权行为，造成他人损害的，应当承担连带责任。《民法典》第 1171 条规定，二人以上分别实施侵权行为造成同一损害，每个人的侵权行为都足以造成全部损害的，行为人承担连带责任。《民法典》第 1172 条规定，二人以上分别实施侵权行为造成同一损害，能够确定责任大小的，各自承担相应的责任；难以确定责任大小的，平均承担责任。本题中，甲、乙分别饲养山羊各一只，并非为共同致害，故 B 错误，CD 正确。

4. B。《民法典》第 1191 条规定，用人单位的工作人员因执行工作任务造成他人损害的，由用人单位承担侵权责任。用人单位承担侵权责任后，可以向有故意或者重大过失的工作人员追偿。劳务派遣期间，被派遣的工作人员因执行工作任务造成他人损害的，由接受劳务派遣的用工单位承担侵权责任；劳务派遣单位有过错的，承担相应的责任。本题中，用人单位的工作人员执行职务时对他人侵权的，由用人单位承担无过错的侵权责任。本题正确答案为 B，其他三项存在明显错误。

5. C。《民法典》第 1198 条规定，宾馆、商场、银行、车站、机场、体育场馆、娱乐场所等经营场所、公共场所的经营者、管理者或者群众性活动的组织者，未尽到安全保障义务，造成他人损害的，应当承担侵权责任。因第三人的行为造成他人损害的，由第三人承担侵权责任；经营者、管理者或者组织者未尽到安全保障义务的，承担相应的补充责任。经营者、管理者或者组织者承担补充责任后，可以向第三人追偿。本题中，洗浴中心未尽到安全保障义务，但用到洗浴中心将贵重易碎玉镯随时携带，也有一定的过错，所以洗浴中心应承担玉镯的损失，但并非全部。再依《最高人民法院关于确定民事侵权精神损害赔偿责任若干问题的解释》第 1 条规定，因人身权益或者具有人身意义的特定物受到侵害，自然人或者其近亲属向人民法院提起诉讼请求精神损害赔偿的，人民法院应当依法予以受理。综上，C 正确。

6. A。本题情形显然构成产品责任。《民法典》第1203条规定，因产品存在缺陷造成他人损害的，被侵权人可以向产品的生产者请求赔偿，也可以向产品的销售者请求赔偿。产品缺陷由生产者造成的，销售者赔偿后，有权向生产者追偿。因销售者的过错使产品存在缺陷的，生产者赔偿后，有权向销售者追偿。据此A正确，BD错误。《民法典》第1182条规定，侵害他人人身权益造成财产损失的，按照被侵权人因此受到的损失或者侵权人因此获得的利益赔偿；被侵权人因此受到的损失以及侵权人因此获得的利益难以确定，被侵权人和侵权人就赔偿数额协商不一致，向人民法院提起诉讼的，由人民法院根据实际情况确定赔偿数额。据此可见，应以被侵害人实际受到的损失赔偿，C错误。

7. C。《民法典》第638条第1款规定："试用买卖的买受人在试用期内可以购买标的物，也可以拒绝购买。试用期限届满，买受人对是否购买标的物未作表示的，视为购买。"试用期间，车辆并未进行交付，其在买受人作出同意购买的意思之时方才交付，车辆的所有权仍然归迅达公司所有。《民法典》第1210条规定："当事人之间已经以买卖或者其他方式转让并交付机动车但是未办理登记，发生交通事故造成损害，属于该机动车一方责任的，由受让人承担赔偿责任。"根据该条，在机动车买卖、分期付款保留所有权买卖、试用买卖等合同中，交付机动车后，办理过户登记手续前，若该机动车发生道路交通事故，且根据《道路交通安全法》第76条，该机动车应承担责任的，不论该机动车的所有权是否已经转移，均由已经受让机动车占有的一方承担侵权责任。因此C正确，ABD错误。

8. A。《民法典》第1218条规定，患者在诊疗活动中受到损害，医疗机构或者其医务人员有过错的，由医疗机构承担赔偿责任。由此，医疗损害责任的一般归责原则是过错责任原则，应由患方承担举证责任。据此，A正确，当选。《民法典》第1219条规定，医务人员在诊疗活动中应当向患者说明病情和医疗措施。需要实施手术、特殊检查、特殊治疗的，医务人员应当及时向患者具体说明医疗风险、替代医疗方案等情况，并取得其明确同意；不能或者不宜向患者说明的，应当向患者的近亲属说明，并取得其明确同意。医务人员未尽到前款义务，造成患者损害的，医疗机构应当承担赔偿责任。《民法典》第1220条规定，因抢救生命垂危的患者等紧急情况，不能取得患者或者其近亲属意见的，经医疗机构负责人或者授权的负责人批准，可以立即实施相应的医疗措施。依上述两条规定，本题显然不属于抢救生命垂危的患者等紧急情况，即便属于，题目中也未交代已经医疗机构负责人或者授权的负责人批准，故B错误，不选。《民法典》第1223条规定，因药品、消毒产品、医疗器械的缺陷，或者输入不合格的血液造成患者损害的，患者可以向药品上市许可持有人、生产者、血液提供机构请求赔偿，也可以向医疗机构请求赔偿。患者向医疗机构请求赔偿的，医疗机构赔偿后，有权向负有责任的药品上市许可持有人、生产者、血液提供机构追偿。据此，本题C错误，不选。《民法典》第1225条规定，医疗机构及其医务人员应当按照规定填写并妥善保管住院志、医嘱单、检验报告、手术及麻醉记录、病理资料、护理记录等病历资料。患者要求查阅、复制前款规定的病历资料的，医疗机构应当及时提供。据此，本题D错误，不选。

9. D。《民法典》第1229条规定，因污染环境、破坏生态造成他人损害的，侵权人应当承担侵权责任。故A错误。环境侵权损害纠纷的诉讼时效是3年，故C错误。《民法典》第1231条规定，两个以上侵权人污染环境、破坏生态的，承担责任的大小，根据污染物的种类、浓度、排放量，破坏生态的方式、范围、程度，以及行为对损害后果所起的作用等因素确定。故 B 错误，D 正确。

10. D。《民法典》第 1245 条规定，饲养的动物造成他人损害的，动物饲养人或者管理人应当承担侵权责任；但是，能够证明损害是因被侵权人故意或者重大过失造成的，可以不承担或者减轻责任。本题中，在戴某代看管饲养宠物狗期间，张某偷狗，被狗咬伤。张某对于自己的损害有重大过失，故而可以减轻饲养人或者管理人的责任。据此，ABC 错误，D 正确。

11. B。《民法典》第 1198 条规定，宾馆、商场、银行、车站、机场、体育场馆、娱乐场所等经营场所、公共场所的经营者、管理者或者群众性活动的组织者，未尽到安全保障义务，造成他人损害的，应当承担侵权责任。因第三人的行为造成他人损害的，由第三人承担侵权责任；经营者、管理者或者组织者未尽到安全保障义务的，承担相应的补充责任。经营者、管理者或者组织者承担补充责任后，可以向第三人追偿。由该规定可以看出，经营场所、公共场所的经营者、管理人或者群众性活动的组织者有法定的安全保障义务，本题中的张小飞显然不属于这类主体，故 A"张小飞违反安全保障义务，应承担侵权责任"的表达错误，不选。题目中也未交代小区物业违反法定或者约定安全保障义务的情景，故"小区物业违反安全保障义务，应承担侵权责任"的表述错误，C 不选。《民法典》第 1254 条规定，禁止从建筑物中抛掷物品。从建筑物中抛掷物品或者从建筑物上坠落的物品造成他人损害的，由侵权人依法承担侵权责任；经调查难以确定具体侵权人的，除能够证明自己不是侵权人的外，由可能加害的建筑物使用人给予补偿。可能加害的建筑物使用人补偿后，有权向侵权人追偿。物业服务企业等建筑物管理人应当采取必要的安全保障措施防止前款规定情形的发生；未采取必要的安全保障措施的，应当依法承担未履行安全保障义务的侵权责任。发生本条第一款规定的情形的，公安等机关应当依法及时调查，查清责任人。故 B"顶层业主通过证明当日家中无人，可以免责"的表达正确，当选；D"如查明砚台系从 10 层抛出，10 层以上业主仍应承担补充责任"的表达错误，不选。

主观试题

试题一

案情： 大学生李某要去 A 市某会计师事务所实习。此前，李某通过某租房网站租房，明确租房位置和有淋浴热水器两个条件。张某承租了王某一套二居室，租赁合同中有允许张某转租的条款。张某与李某联系，说明该房屋的位置及房屋里配有高端热水器。李某同意承租张某的房屋，并通过网上银行预付了租金。

李某入住后发现，房屋的位置不错，卫生间也较大，但热水器老旧不堪，不能正常使用，屋内也没有空调。另外，李某了解到张某已拖欠王某 1 个月的租金，王某已表示，依租赁合同的约定要解除与张某的租赁合同。

李某要求张某修理热水器，修了几次都无法使用。再找张某，张某避而不见。李某只能用冷水洗澡并因此感冒，花了一笔医疗费。无奈之下，李某去 B 公司购买了全新电热水器，B 公司派其员工郝某去安装。在安装过程中，找不到登高用的梯子，李某将张某存放在储藏室的一只木箱搬进卫生间，供郝某安装时使用。安装后郝某因有急事未按要求试用便离开，走前向李某保证该热水器可以正常使用。李某仅将该木箱挪至墙边而未搬出卫生间。李某电话告知张某，热水器已买来装好，张某未置可否。

另外，因暑热难当，李某经张某同意，买了一部空调安装在卧室。

当晚，同学黄某来 A 市探访李某。黄某去卫生间洗澡，按新装的热水器上的提示刚打开热水器，该热水器的接口处迸裂，热水喷溅不止，黄某受到惊吓，摔倒在地受伤，经鉴定为一级伤残。另外，木箱内装的贵重衣物，也被热水器喷出的水流浸泡毁损。

问题：

1. 由于张某拖欠租金，王某要解除与张某的租赁合同，李某想继续租用该房屋，可以采取什么措施以抗辩王某的合同解除权？

2. 李某的医疗费应当由谁承担？为什么？

3. 李某是否可以更换热水器？李某更换热水器的费用应当由谁承担？为什么？

4. 李某购买空调的费用应当由谁承担？为什么？

5. 对于黄某的损失，李某、张某是否应当承担赔偿责任？为什么？

要点提炼

6. 对于黄某的损失，郝某、B 公司是否应当承担赔偿责任？为什么？

7. 对于张某木箱内衣物浸泡受损，李某、B 公司是否应当承担赔偿责任？为什么？

试题二

案情： 2 月 5 日，甲与乙订立一份房屋买卖合同，约定乙购买甲的房屋一套（以下称 01 号房），价格 80 万元。并约定，合同签订后一周内乙先付 20 万元，交付房屋后付 30 万元，办理过户登记后付 30 万元。

2 月 8 日，丙得知甲欲将该房屋出卖，表示愿意购买。甲告其已与乙签订合同的事实，丙说愿出 90 万元。于是，甲与丙签订了房屋买卖合同，约定合同签订后 3 日内丙付清全部房款，同时办理过户登记。2 月 11 日，丙付清了全部房款，并办理了过户登记。

2 月 12 日，当乙支付第一笔房款时，甲说：房屋已卖掉，但同小区还有一套房屋（以下称 02 号房），可作价 100 万元出卖。乙看后当即表示同意，但提出只能首付 20 万元，其余 80 万元向银行申请贷款。甲、乙在原合同文本上将房屋相关信息、价款和付款方式作了修改，其余条款未修改。

乙支付首付 20 万元后，恰逢国家出台房地产贷款调控政策，乙不再具备贷款资格。故乙表示仍然要买 01 号房，要求甲按原合同履行。甲表示 01 号房无法交付，并表示第二份合同已经生效，如乙不履行将要承担违约责任。乙认为甲违约在先。3 月中旬，乙诉请法院确认甲丙之间的房屋买卖合同无效，甲应履行 2 月 5 日双方签订的合同，交付 01 号房，并承担迟延交付的违约责任。甲则要求乙继续履行购买 02 号房的义务。

3 月 20 日，丙聘请不具备装修资质的 A 公司装修 01 号房。装修期间，A 公司装修工张某因操作失误将水管砸坏，漏水导致邻居丁的家具等物件损坏，损失约 5000 元。

5 月 20 日，丙花 3000 元从商场购买 B 公司生产的热水器，B 公司派员工李某上门安装。5 月 30 日，李某从 B 公司离职，但经常到 B 公司派驻丙所住小区的维修处门前承揽维修业务。7 月 24 日，丙因热水器故障到该维修处要求 B 公司维修，碰到李某。丙对李某说：热水器是你装的，出了问题你得去修。维修处负责人因人手不够，便对李某说：那你就去帮忙修一下吧。李某便随丙去维修。李某维修过程中操作失误致热水器毁损。

问题：

1. 01 号房屋的物权归属应当如何确定？为什么？

2. 甲、丙之间的房屋买卖合同效力如何？考察甲、丙之间合同效力时应当考虑本案中的哪些因素？

3. 2 月 12 日，甲、乙之间对原合同修改的行为的效力应当如何认定？为什么？

4. 乙的诉讼请求是否应当得到支持？为什么？

5. 针对甲要求乙履行购买 02 号房的义务，乙可主张什么权利？为什么？

6. 邻居丁所遭受的损失应当由谁赔偿？为什么？

7. 丙热水器的毁损，应由谁承担赔偿责任？为什么？

试题三

案情： 甲欲出卖自家的房屋，但其房屋现已出租给张某，租赁期还剩余 1 年。甲将此事告知张某，张某明确表示，以目前的房价自己无力购买。

甲的同事乙听说后，提出购买。甲表示愿意但需再考虑细节。乙担心甲将房屋卖与他人，提出草签书面合同，保证甲将房屋卖与自己，甲同意。甲、乙一起到房屋登记机关验证房屋确实登记在甲的名下，且所有权人一栏中只有甲的名字，双方草签了房屋预购合同。

后双方签订正式房屋买卖合同约定：乙在合同签订后的 5 日内将购房款的三分之二通过银行转账给甲，但甲须提供保证人和他人房屋作为担保；双方还应就房屋买卖合同到登记机关办理预告登记。

甲找到丙作为保证人，并用丁的房屋抵押。丁与乙签订了抵押合同并办理了抵押登记，但并没有约定担保范围。甲乙双方办理了房屋买卖合同预告登记，但甲忘记告诉乙房屋出租情况。

此外，甲的房屋实际上为夫妻共同财产，甲自信妻子李某不会反对其将旧房出卖换大房，事先未将出卖房屋的事情告诉李某。李某知道后表示不同意。但甲还是瞒着李某与乙办理了房屋所有权转移登记。

2 年后，甲与李某离婚，李某认为当年甲擅自处分夫妻共有房屋造成了自己的损失，要求赔偿。甲抗辩说，赔偿请求权已过诉讼时效。

问题：

1. 在本案中，如甲不履行房屋预购合同，乙能否请求法院强制其履行？为什么？

2. 甲未告知乙有租赁的事实，应对乙承担什么责任？

3. 如甲不按合同交付房屋并转移房屋所有权，预告登记将对乙产生何种保护效果？

4. 如甲在预告登记后又与第三人签订房屋买卖合同，该合同是否有效？为什么？

5. 如甲不履行合同义务，在担保权的实现上乙可以行使什么样的权利？担保权实现后，甲、丙、丁的关系如何？

6. 甲擅自处分共有财产，其妻李某能否主张买卖合同无效？是否可以主张房屋过户登记为无效或者撤销登记？为什么？

7. 甲对其妻李某的请求所提出的时效抗辩是否成立？为什么？

要点提炼

试题四

案情： 自然人甲与乙订立借款合同，其中约定甲将自己的一辆汽车作为担保物让与给乙。借款合同订立后，甲向乙交付了汽车并办理了车辆的登记过户手续。乙向甲提供了约定的 50 万元借款。

一个月后，乙与丙公司签订买卖合同，将该汽车卖给对前述事实不知情的丙公司并实际交付给了丙公司，但未办理登记过户手续，丙公司仅支付了一半购车款。某天，丙公司将该汽车停放在停车场时，该车被丁盗走。丁很快就将汽车出租给不知该车来历的自然人戊，戊在使用过程中因汽车故障送到己公司修理。己公司以戊上次来修另一辆汽车时未付修理费为由扣留该汽车。汽车扣留期间，己公司的修理人员庚偷开上路，违章驾驶撞伤行人辛，辛为此花去医药费 2000 元。现丙公司不能清偿到期债务，法院已受理其破产申请。

问题：

1. 甲与乙关于将汽车让与给债权人乙作为债务履行担保的约定效力如何？为什么？乙对汽车享有什么权利？

2. 甲主张乙将汽车出卖给丙公司的合同无效，该主张是否成立？为什么？

3. 丙公司请求乙将汽车登记在自己名下是否具有法律依据？为什么？

4. 丁与戊的租赁合同是否有效？为什么？丁获得的租金属于什么性质？

5. 己公司是否有权扣留汽车并享有留置权？为什么？

6. 如不考虑交强险责任，辛的 2000 元损失有权向谁请求损害赔偿？为什么？

7. 丙公司与乙之间的财产诉讼管辖应如何确定？法院受理丙公司破产申请后，乙能否就其债权对丙公司另行起诉并按照民事诉讼程序申请执行？

试题五

案情： 1 月 10 日，自然人甲为创业需要，与自然人乙订立借款合同，约定甲向乙借款100 万元，借款期限 1 年，借款当日交付。1 月 12 日，双方就甲自有的 M 商品房又订立了一份商品房买卖合同，其中约定：如甲按期偿还对乙的 100 万元借款，则本合同不履行；如甲到期未能偿还对乙的借款，则该借款变成购房款，甲应向乙转移该房屋所有权；合同订立后，该房屋仍由甲占有使用。

1 月 15 日，甲用该笔借款设立了 S 个人独资企业。为扩大经营规模，S 企业向丙借款200 万元，借款期限 1 年，丁为此提供保证担保，未约定保证方式；戊以一辆高级轿车为质押并交付，但后经戊要求，丙让戊取回使用，戊又私自将该车以市价卖给不知情的己，并办理了过户登记。

2月10日，甲因资金需求，瞒着乙将M房屋出卖给了庚，并告知庚其已与乙订立房屋买卖合同一事。3月10日，庚支付了全部房款并办理完变更登记，但因庚自3月12日出国访学，为期4个月，双方约定庚回国后交付房屋。

3月15日，甲未经庚同意将M房屋出租给知悉其卖房给庚一事的辛，租期2个月，月租金5000元。5月16日，甲从辛处收回房屋的当日，因雷电引发火灾，房屋严重毁损。根据甲卖房前与某保险公司订立的保险合同（甲为被保险人），某保险公司应支付房屋火灾保险金5万元。7月13日，庚回国，甲将房屋交付给了庚。

次年1月16日，甲未能按期偿还对乙的100万元借款，S企业也未能按期偿还对丙的200万元借款，现乙和丙均向甲催要。

问题：

1. 就甲对乙的100万元借款，如乙未起诉甲履行借款合同，而是起诉甲履行买卖合同，应如何处理？请给出理由。

2. 就S企业对丙的200万元借款，甲、丁、戊各应承担何种责任？为什么？

3. 甲、庚的房屋买卖合同是否有效？庚是否已取得房屋所有权？为什么？

4. 谁有权收取M房屋2个月的租金？为什么？

5. 谁应承担M房屋火灾损失？为什么？

6. 谁有权享有M房屋火灾损失的保险金请求权？为什么？

试题六

案情： 甲公司中标A市某地块的开发权，与乙公司签订建筑工程施工合同，建设商品房。双方约定，如果出现纠纷，协商解决，协商不成的，任何一方均可向B市仲裁委员会申请裁决。

由于甲公司未按约定及时支付工程进度款，甲公司与乙公司经协商重新达成协议：协议之前的工程进度款及利息8500万元作为甲公司向乙公司的借款，乙公司同意配合甲公司以正在建设的工程向银行抵押贷款2亿元，获得贷款后，甲公司需先支付乙公司8500万元欠款中的5000万元，剩余1.5亿元贷款存入双方共管账户。甲公司的公章需交乙公司保管，甲公司对外签订合同需经乙公司同意。

乙公司拿到甲公司的公章后，私自重新作了补充协议，其中写明甲公司对乙公司的欠款总额，并将仲裁机关改为C市仲裁委员会，并加盖了乙公司和甲公司的公章。在此后的建筑工程施工中，为了冲抵甲公司的借款，乙公司有时直接以甲公司的名义与材料供应商

要点提炼

丁公司签订合同，并加盖甲公司的公章。

后甲公司发现乙公司私用公章的情况，遂要求对账，并提出乙公司以甲公司名义签订的合同应算作甲公司对乙公司的还款，但双方因对账数额相差太大再次发生争议，乙公司遂向 C 市仲裁委员会提起仲裁。甲公司提出管辖权异议，提出自己从未与乙公司签订过补充协议、变更过仲裁管辖，但承认公章是真实的。C 市仲裁委员会认为协议有效，继续审理，并作出裁决，裁决甲公司尚欠乙公司 500 万元，双方继续履行合同。甲公司向法院申请撤销仲裁裁决。

为推动商品房销售，甲公司与丙公司的韩某签订房屋销售委托合同，经乙公司同意，加盖了甲公司的公章，由丙公司负责销售甲公司的楼房。韩某为丙公司新的法定代表人，尚未办理变更登记（甲、乙公司共同派律师查询，查明了韩某的上述真实身份）。合同上仅有韩某签字，未加盖丙公司的公章。后甲公司认为丙公司销售不力，向法院起诉要求解除委托合同，一审判决丙公司败诉。丙公司不服一审判决，提起上诉，上诉状变更了诉讼请求，请求判决合同无效，要求甲公司赔偿实际支出。

继续施工过程中，共管账户中的贷款很快用完，甲公司再次拖延支付乙公司工程进度款。甲公司遂通过民间借贷的方式筹集资金，与出借人戊同时签订借款合同和房屋买卖合同。借款合同约定，如果甲公司不能按期偿还借款，则需按照房屋买卖合同交付房屋。

然而，甲公司筹集的资金仍然不足以支付工程进度款，乙公司遂停工，导致甲公司想建成房屋出售后获取现金流的计划无法实现，遂提出解除合同，另行与其他建筑公司签订施工合同。

以上纠纷致使甲公司资金状况出现严重危机。有的债权人要求甲公司按照合同约定偿还借款；有的债权人要求甲公司交付房屋；还有的债权人到法院申请甲公司破产清算，法院裁定受理破产申请。之前与甲公司签订购货合同的丁公司已经向甲公司发货，收到破产通知后通知货车返回。乙公司申报债权时，部分债权被管理人拒绝，乙公司准备先行诉请确认该部分债权的本金，利息另行确认。

问题：

1. 乙公司签订补充协议的行为是否构成表见代理？为什么？

2. 如果甲公司能够证明补充协议是乙公司私自起草并加盖印章，C 市仲裁委员会的仲裁决议为何？为什么？

3. 甲公司欲申请法院撤销 C 市仲裁委员会的裁决，应当向哪个法院提出？为什么？

4. 甲公司与丙公司签订的委托合同是否有效？韩某的行为如何定性？为什么？

5. 甲公司是否有权解除与丙公司的委托合同？为什么？

6. 丙公司是否可以在上诉状中提出变更诉讼请求？为什么？

7. 甲公司与戊的房屋买卖合同是否应看作物权担保？为什么？

8. 在破产程序尚未开始时，若甲公司到期无法偿债，戊能否要求甲公司交付房屋？

9. 甲公司是否有权解除与乙公司的建筑工程施工合同？为什么？

10. 丁公司收到破产通知后的做法是否有法律依据？

11. 有仲裁协议的当事人一方破产时，双方有财产争议的，应由法院管辖还是由仲裁委员会管辖？

12. 破产程序开始后，法院所受理与破产财产有关的案件，能否向其他法院移送管辖？为什么？

13. 乙公司对甲公司的在建商品房是否享有优先权？为什么？假如有优先权，优先权的范围是什么？

14. 若乙公司将本金和利息分两次提起诉讼，是否属于重复起诉？

试题七

案情： A 公司向 B 公司借款 8000 万元，借款期限尚未届至，双方签订以物抵债协议，约定将 A 公司的办公楼过户给 B 公司以抵偿债务，但未办理过户登记。A 公司的债权人 C 公司以该办公楼价值应为 1.2 亿元，以物抵债协议价格过低为由向法院提起诉讼，要求撤销该以物抵债协议。B 公司认为，A 公司还有大量财产可供偿还债务，C 公司主张撤销的理由不成立。

后 A 公司又向 D 公司借款，但 A 公司已无可供抵押或出质的财产，A 公司股东张三在未告知其妻子的情况下向 D 公司做了保证。D 公司认为张三的保证不足以保障 A 公司履行义务，A 公司又将一张以自己为收款人的汇票出质给 D 公司，背书 "出质" 字样后交付 D 公司。但出票人在汇票上记载有 "不得转让" 的字样。

为获得更多融资，A 公司与 E 公司签订了生产车间租赁合同。租赁合同履行期间，因某个车间有原材料及半成品尚未清点，E 公司使用了 A 公司的上述原材料及半成品。A 公司的债权人李四在要求 A 公司清偿债务的诉讼中向法院提出，A 公司与 E 公司在租赁合同履行中没有将财产清点清楚，存在财产混同，因此 A 公司与 E 公司构成人格混同，遂要求 E 公司对 A 公司所负债务承担连带清偿责任。法院根据李四的请求对 A 公司财产予以保全。

A 公司与 F 公司缔结了轮胎买卖合同，F 公司已经支付货款，但 A 公司一直没有交付轮胎。F 公司向法院提起诉讼要求 A 公司继续履行合同。后 F 公司胜诉，A 公司交付轮胎。F 公司认为 A 公司交付的轮胎质量大不如前，又向法院提出解除合同的诉讼请求，要求 A 公司返还货款并赔偿损失。

为周转资金，A 公司利用其控股地位从其全资子公司多次无偿调取资金，并统一调度

要点提炼

所有全资子公司的资金使用，致使关联公司之间账目不清。A 公司某全资子公司的债权人 G 公司、H 公司因到期债权不能获得清偿，向法院申请对 A 公司及其所有全资子公司进行合并重整。

问题：

1. A 公司向 B 公司签订的以物抵债协议的效力如何？为什么？

2. 在 C 公司提起的撤销以物抵债协议的诉讼中，当事人的诉讼地位如何确定？

3. A 公司有大量财产可供偿还债务，是否构成 C 公司行使撤销权的障碍？为什么？

4. A 公司股东张三在未告知其妻子的情况下向 D 公司做了保证，该保证债务是否属于夫妻共同债务？为什么？

5. A 公司以自己为收款人的汇票对 D 公司的出质是否有效？为什么？

6. 李四认为 A 公司与 E 公司构成人格混同，应承担连带责任的主张是否成立？为什么？

7. F 公司在获得生效判决后又提出解除合同、返还货款并赔偿损失的诉讼，是否构成重复起诉？为什么？

8. G 公司、H 公司是否可以请求对 A 公司及其所有全资子公司进行合并重整？为什么？

9. 假设 A 公司及其所有全资子公司可以合并重整，重整程序开始后，对于相关公司已经开始的民事诉讼程序有何影响？

试题八

案情： 自然人股东 A 和 B 共同出资（各占 50% 股份）设立了甲有限责任公司（位于 X 市 Y 区）。甲公司对位于 J 市 K 区的某块土地 K 享有建设用地使用权，该地块所在区域正准备拆迁。乙公司（位于 M 市 N 区）是华儒公司（位于 P 市 Q 区）的全资子公司，主营房地产开发业务。

A、B 以个人名义找到乙公司，欲以 K 地块的土地使用权与乙公司合作开发房地产。双方约定：（1）乙公司为本项目运营的商事载体，负责处理拆迁等事宜，乙公司可自主决定融资方式；（2）A、B 以 K 土地使用权出资，并应将 K 土地使用权转移至乙公司名下，以便项目实施；（3）项目完成后，乙公司应将全部开发房产的 40% 分予 A、B（每人20%）；（4）为担保合同的履行，乙公司需向 A、B 分别转让 20% 的股权，但 A、B 不参与乙公司的经营管理，A、B 分得房产后应将股权无偿转回乙公司名下；（5）如因合同履行发生诉讼，应由被告所在地法院管辖。协议签订后，乙公司对其股权结构进行了变更，并办理了工商登记。乙公司变更后的股权结构为 A、B 各占 20%。华儒公司占 60%。

要点提炼

乙公司为推动项目开展，进行了以下行为：（1）乙公司与丙公司签订了融资租赁合同，租赁丙公司价值 2000 万元的铲车 2 辆，但未办理登记。（2）乙公司以其全部动产（包括前述 2 辆铲车）为担保，向丁公司设立了动产浮动抵押，并办理了抵押登记，获得丁公司借款 2 亿元。应丁公司要求，自然人 C、D 向丁公司提供了保证担保。（3）乙公司与戊信托公司签订信托合同，以其一项专利技术依法提供了质押担保。应戊公司要求，自然人 E 提供了保证担保，自然人 F 以其价值 1500 万元的房屋提供抵押担保并办理房屋抵押登记，但 E、F 彼此不知情。（4）在经营过程之中，乙公司将融资租赁所得 2 辆铲车以 1950 万元出卖给自然人 G。在使用过程中，由于铲车存在质量问题和设计缺陷，致工人受伤，G 一直与乙公司交涉。

乙公司为扩大其在本地的影响力，积极响应《民法典》关于营利法人社会责任的规定，承诺每年向"青少年成长基金会"捐款 1000 万元，获得媒体公开报道。

楼盘建成后，乙公司陆续对外销售已建成的房屋，销售比例达 15%。自然人 H 购房后发现房屋实际面积、房型设计、容积率、配套设施等与广告宣传有很大差距，H 与乙公司多次沟通无果，准备诉讼维权。

乙公司大规模融资及对外销售房屋的行为引起 A、B 的警惕，A、B 向法院起诉乙公司违约，并诉请法院撤销乙公司与购房人之间的房屋买卖合同。诉讼过程中，A、B 撤回起诉，法院准许。

后乙公司经营不佳、无力偿债，A、B 向法院申请对乙公司进行重整，并主张对 40% 房产的取回权。

问题：

1. 甲公司的债权人能否直接请求 A、B 承担连带责任？为什么？

2. 乙公司按约定办理完股权的变更登记后，A 和 B 能否取得乙公司股权？

3. 丁公司对 2 台铲车的浮动抵押权能否对抗买受人 G？为什么？乙公司到期无法偿还借款，丁公司应如何行使其担保权？若乙公司未对丁公司偿还到期债务，丁公司应如何行使其担保权？丁公司若起诉，当事人的诉讼地位应如何确定？

4. 若乙公司未对戊公司偿还到期债务，戊公司可向谁主张权利？为什么？F 为了自己的房屋不被执行，替乙公司偿还了债务，F 能否向 E 主张权利？为什么？

5. 由于铲车存在质量问题和设计缺陷致工人受伤，G 应当向谁主张权利？为什么？

6. 乙公司是否有权撤销对"青少年成长基金会"的捐赠？为什么？乙公司的债权人是否有权诉请撤销乙公司对"青少年成长基金会"的捐赠？为什么？

7. H 所购房屋的实际面积、房型设计、容积率、配套设施等与广告宣传有很大差距，可以主张何种权利？能否依据《消费者权益保护法》的规定主张三倍赔偿？为什么？

8. 如 H 在诉讼中申请对房屋质量进行鉴定，鉴定应如何进行？如乙公司对该鉴定意见有异议，法院应如何处理？如乙公司就鉴定意见质证，申请专家辅助人出庭，法院应如何处理？

9. 乙公司出售房屋是否构成对 A、B 的违约？为什么？A、B 诉请撤销乙公司缔结的房屋买卖合同的主张能否成立？为什么？A、B 诉请乙公司按约交付 40% 的房产，哪一（哪些）法院享有管辖权？为什么？

10. 乙公司开始重整程序后，A、B 是否对 40% 房产享有取回权？为什么？

试题九

案情： 枫桥公司（位于 A 市 B 区）以抵债方式收回一栋价值 10 亿元的二十层写字楼，命名为枫叶写字楼（位于 C 市 D 区）。枫桥公司将第 19、20 层留作自用，其余楼层对外出租。

恒通公司（位于 E 市 F 区）是一家拥有多个金融牌照的金融集团公司，旗下有从事融资租赁业务的甲公司（全资子公司）、从事保理业务的乙公司（控股子公司）和从事典当业务的丙公司（参股子公司）。甲、乙、丙三家公司与枫桥公司约定：（1）分别承租枫叶写字楼第 16、17、18 层，月租金 30 万元，租金按季度支付；（2）试租 1 年，租赁期限届满如无其他约定，自动续租 2 年，租期自 2020 年 1 月 15 日起算；（3）办公区的墙体等"硬装"不可更改，能拆卸的"软装"可以根据需求变动；（4）若因合同履行发生纠纷，由 A 市 B 区法院管辖。恒通公司为甲、乙、丙三家公司的租金支付提供连带责任保证，并出具了《担保函》。

承租期间，甲公司承租的第 16 层空调设备损坏，枫叶写字楼物业多次维修仍未修好，甲公司只好垫资 60 万元自行维修，并向枫桥公司明确表示会从下一季度的租金中扣除维修费，枫桥公司表示拒绝。2020 年 4 月 16 日，甲公司向枫桥公司支付 30 万元。枫桥公司诉至法院，要求甲公司支付第二季度租金 90 万元及利息，恒通公司承担连带保证责任。甲公司主张，已支付的 30 万元是租金，剩余 60 万元租金与其垫付的维修费抵销，因此并未拖欠租金。枫桥公司不认可，主张甲公司支付的 30 万元是清偿双方之间另一个买卖合同的货款。法院审理后，判决甲公司向枫桥公司支付租金 90 万元及利息，恒通公司承担连带清偿责任；恒通公司清偿债务后，可以向甲公司追偿。

乙公司的客户丁某来乙公司洽谈生意，将车停在枫叶写字楼的地上停车场。适逢大风天气，一棵树被风刮倒砸坏了丁某的汽车，造成车辆损失 5000 元。在此之前，多名租户曾多次向枫叶写字楼物业反映过树木可能倾倒的情况，枫叶写字楼物业未予处理。因发生此意外，丁某未与乙公司顺利签约，乙公司丧失了与丁某签订 5000 万元保理合同的机会。

丙公司认为办公楼内部的装修风格与其经营理念不符，与枫桥公司协商想要重新装修，枫桥公司拒绝。多次沟通无果，丙公司遂将第18层整体转租给他人，并决定试租期到期后不再续租。

枫叶写字楼经营不善，屡遭投诉，枫桥公司遂于2021年1月2日将枫叶写字楼整体转让给峰塔公司。甲公司主张对枫叶写字楼第16层行使优先购买权。在此之前，枫桥公司已经将甲公司、丙公司诉至法院。

要点提炼

问题：

1. 枫桥公司起诉甲公司和恒通公司要求支付租金，应由哪个法院管辖？为什么？

2. 关于甲公司支付的30万元是否属于租金，应由谁承担证明责任？为什么？若法官对该主张无法形成自由心证，应当如何处理？

3. 甲公司主张以垫付的60万元维修费抵销租金，属于抗辩还是反诉？法院应当如何处理？

4. 恒通公司承担保证责任后，能否依据该判决书直接申请强制执行甲公司的财产？为什么？

5. 丁某就遭受到的损害，可以向谁主张赔偿责任？为什么？

6. 丁某未与乙公司顺利签约，乙公司能否就该损失主张赔偿？为什么？

7. 丙公司将枫叶写字楼第18层整体转租给他人的行为是否有效？为什么？

8. 枫桥公司将枫叶写字楼整体转让给峰塔公司，甲公司等租户的租赁合同是否受影响？为什么？

9. 甲公司可否主张对枫叶写字楼第16层行使优先购买权？为什么？

10. 恒通公司是否对甲公司、丙公司的租金支付承担连带保证责任？为什么？

主观试题参考答案及详解

试题一

1.【参考答案】 李某（次承租人）可以请求代张某（承租人）支付其欠付王某（出租人）的租金和违约金，以抗辩王某的合同解除权。

【考点】 第三人履行

【详解】 所谓第三人履行，是指双方当事人约定由债务人指定的第三人代替债务人向债权人履行合同的义务，或者第三人自愿为债务人向债权人履行合同义务的行为。由第三人向债权人履行债务实际上可以包括两种情况：一是债权人与债务人之间约定由第三人履行；二是第三人自愿履行。在传统民法中，前一种情况主要表现为涉及第三人的合同制度，后一种情况主要表现在债的清偿中的第三人代为清偿制度中。现代合同法普遍允许第三人向债权人做出清偿，甚至鼓励此种清偿。这主要是因为：一方面，第三人的代为清偿毕竟有利于债权的实现，在一般情况下对债权人和债务人都是有利的；另一方面，第三人代为清偿以后，第三人对于债务人享有追偿权，也不会损害第三人的利益。

2.【参考答案】 李某的医疗费应当由张某（出租人）承担。因为张某（出租人）有提供热水（热水器）的义务，张某违反该义务，致李某损失，应由张某承担赔偿责任。

【考点】 违约责任

【详解】《民法典》第 584 条规定："当事人一方不履行合同义务或者履行合同义务不符合约定，造成对方损失的，损失赔偿额应当相当于因违约所造成的损失，包括合同履行后可以获得的利益；但是，不得超过违约一方订立合同时预见到或者应当预见到的因违约可能造成的损失。"李某感冒并支付医疗费的损失是由于张某的违约行为造成的，因此张某应当承担违约责任。

3.【参考答案】 李某可以更换热水器。李某更换热水器的费用应当由张某承担。因为张某（出租人）作为出租人应当按照约定将租赁物交付承租人，应当履行租赁物的维修义务；张某有保持租赁物符合约定用途的义务。

【考点】 出租人对租赁物的维修义务

【详解】 关于出租人对租赁物的维修义务，《民法典》第 713 条规定："承租人在租赁物需要维修时可以请求出租人在合理期限内维修。出租人未履行维修义务的，承租人可以自行维修，维修费用由出租人负担。

因维修租赁物影响承租人使用的，应当相应减少租金或者延长租期。因承租人的过错致使租赁物需要维修的，出租人不承担前款规定的维修义务。"

4. 【参考答案】李某购买空调的费用应当由李某承担。因为李某（承租人）经张某（出租人）同意装饰装修，但未就费用负担作特别约定，故承租人不得请求出租人补偿费用。

【考点】房屋租赁合同中装饰装修的权利义务分担

【详解】《最高人民法院关于审理城镇房屋租赁合同纠纷案件具体应用法律若干问题的解释》第8条规定："承租人经出租人同意装饰装修，租赁期间届满或者合同解除时，除当事人另有约定外，未形成附合的装饰装修物，可由承租人拆除。因拆除造成房屋毁损的，承租人应当恢复原状。"《最高人民法院关于审理城镇房屋租赁合同纠纷案件具体应用法律若干问题的解释》第10条规定："承租人经出租人同意装饰装修，租赁期间届满时，承租人请求出租人补偿附合装饰装修费用的，不予支持。但当事人另有约定的除外。"据此，经过出租人同意的装饰装修，如果没有特别约定，不构成附合的，由承租人拆除；构成附合的，当然不能拆除，但也不可要求出租人补偿费用。毕竟这是承租人在明知不是自己的房屋下的自愿装修，而出租人的同意，只能解释为出租人允许承租人对自己的房屋进行这样的处置，但不得解释为愿意为此承担费用。本题中，李某经张某同意而购买空调，空调属于可拆除的装修，李某在租赁合同期限届满或者解除合同时可以拆走空调。双方未就费用作特别约定，承租人无权要求出租人补偿。

5. 【参考答案】李某或张某均不应当承担赔偿责任。因为李某与黄某之间并无合同，李某不需承担违约损害赔偿责任；对于黄某的损失，李某亦无过错，不需承担侵权责任。故李某不应承担赔偿责任。张某与黄某之间并无合同，张某不需要承担违约损害赔偿责任；对于黄某的损失，张某并无过错，不需承担侵权责任。故张某不应承担赔偿责任。

【考点】侵权责任的构成要件；合同的相对性

【详解】一般侵权责任的构成要件有四个：（1）侵权人客观上有加害行为；（2）侵权人主观上有过错；（3）受害人有损害结果；（4）受害人的损害结果与侵权人的加害行为有因果关系。本题中，李某、张某对黄某的损害结果不具有过错，不承担侵权责任。此外，基于合同相对性原理，在不存在合同的情况下，没有违约责任可言。

6. 【参考答案】郝某不应当承担赔偿责任，B公司应当承担赔偿责任。因为郝某是B公司的工作人员，执行B公司的工作任务，故不需承担侵权责任。因热水器是缺陷产品，缺陷产品造成损害，被侵权人（黄某）既可向产品的生产者请求赔偿，也可向产品的销售者请求赔偿。故B公司需承担侵权责任。

【考点】职务行为；产品责任

【详解】《民法典》第1202条规定："因产品存在缺陷造成他人损害的，生产者应当承担侵权责任。"《民法典》第1203条规定："因产品存在缺陷造成他人损害的，被侵权人可以向产品的生产者请求赔偿，也可以向产品的销售者请求赔偿。产品缺陷由生产者造成的，销售者赔偿后，有权向生产者追偿。因销售者的过错使产品存在缺陷的，生产者赔偿后，有权向销售者追偿。"

7.【参考答案】 李某不应承担赔偿责任，B 公司应承担赔偿责任。因为李某对衣物受损并无过错。缺陷产品的侵权责任，由生产者或销售者承担，故 B 公司应对张某衣物受损承担侵权责任。

【考点】 一般侵权责任的构成要件；产品责任的构成要件

【详解】 一般侵权责任的构成要件参见第 5 小题解析。由于产品责任是无过错责任，即不考虑过错。只要产品存在缺陷、有损害结果、损害结果与缺陷产品之间存在因果关系，生产者即应承担侵权责任。

试题二

1.【参考答案】 甲、丙基于合法有效的买卖合同于 2 月 11 日办理了过户登记手续，即完成了不动产物权的公示行为。不动产物权发生变动，即由原所有权人甲变更为丙。

【考点】 不动产物权变动的条件

【详解】《民法典》第 209 条第 1 款规定："不动产物权的设立、变更、转让和消灭，经依法登记，发生效力；未经登记，不发生效力，但是法律另有规定的除外。"

2.【参考答案】 甲、丙之间于 2 月 8 日形成的房屋买卖合同，该合同为有效合同。尽管甲已就该房与乙签订了合同，但甲、丙的行为不属于违背公序良俗的行为，也不违反法律、行政法规的强制性规定，不存在无效的因素。丙的行为仅为单纯的知情，甲、丙之间的合同不属于恶意串通行为，因其不以损害乙的权利为目的。

【考点】 合同无效的情形

【详解】《民法典》第 153 条规定："违反法律、行政法规的强制性规定的民事法律行为无效。但是，该强制性规定不导致该民事法律行为无效的除外。违背公序良俗的民事法律行为无效。"《民法典》第 154 条规定："行为人与相对人恶意串通，损害他人合法权益的民事法律行为无效。"恶意串通中的"串通"是指双方当事人合谋，"恶意"是指意欲损害他人利益。

3.【参考答案】 2 月 12 日，甲、乙之间修改合同的行为，该行为有效，其性质属于双方变更合同。双方受变更后的合同的约束。

【考点】 合同的变更

【详解】《民法典》第 543 条规定："当事人协商一致，可以变更合同。"

4.【参考答案】 乙与甲通过协商变更了合同，且甲、丙之间的合同有效且已经办理了物权变动的手续，故乙关于确认甲、丙之间合同无效、由甲交付 01 号房的请求不能得到支持。但是，乙可以请求甲承担违约责任，乙同意变更合同不等于放弃追索甲在 01 号房屋买卖合同项下的违约责任。

【考点】 合同变更的法律效果

【详解】 此点还需注意，即变更合同并非等于放弃了追究违反变更前合同的违约责任。

5.【参考答案】 乙可请求解除合同，甲应将收受的购房款本金及其利息返还给乙。因政策限购属于当事人无法预见的情形，且合同出现了履行不能的情形，乙有权解除合同，且无须承担责任。

【考点】 不可抗力导致合同单方解除

【详解】《民法典》第 563 条规定："有下列情形之一的，当事人可以解除合同：（一）因不可抗力致使不能实现合同目的；（二）在履行期限届满前，当事人一方明确表示或者以自己的行为表明不履行主要债务；（三）当事人一方迟延履行主要债务，经催告后在合理期限内仍未履行；（四）当事人一方迟延履行债务或者有其他违约行为致使不能实现合同目的；（五）法律规定的其他情形。以持续履行的债务为内容的不定期合同，当事人可以随时解除合同，但是应当在合理期限之前通知对方。"

6. **【参考答案】** 应当由丙和 A 公司承担。张某是受雇人，其执行职务的行为，由 A 公司承担侵权赔偿责任。丙聘请没有装修资质的 A 公司进屋装修，具有过错，也应对丁的损失承担赔偿责任。

【考点】 用人单位侵权责任

【详解】《民法典》第 1191 条第 1 款规定："用人单位的工作人员因执行工作任务造成他人损害的，由用人单位承担侵权责任。用人单位承担侵权责任后，可以向有故意或者重大过失的工作人员追偿。"《民法典》第 1173 条规定："被侵权人对同一损害的发生或者扩大有过错的，可以减轻侵权人的责任。"

7. **【参考答案】** 丙热水器的毁损应当由 B 公司承担责任。李某的维修行为，构成表见代理，其行为后果由 B 公司承担赔偿责任。[或：李某虽然离职，但经维修处负责人指派，仍为执行工作任务，应由 B 公司承担侵权责任。]

【考点】 表见代理；用人单位侵权责任

【详解】《民法典》第 172 条规定："行为人没有代理权、超越代理权或者代理权终止后，仍然实施代理行为，相对人有理由相信行为人有代理权的，代理行为有效。"《民法典》第 1191 条第 1 款规定："用人单位的工作人员因执行工作任务造成他人损害的，由用人单位承担侵权责任。用人单位承担侵权责任后，可以向有故意或者重大过失的工作人员追偿。"

试题三

1. **【参考答案】** 不能。理由是预约合同的目的在于订立主合同。按照《民法典》第 495 条的规定，当事人约定在将来一定期限内订立合同的认购书、订购书、预订书等，构成预约合同。当事人一方不履行预约合同约定的订立合同义务的，对方可以请求其承担预约合同的违约责任。但是，法院不能强制当事人签订正式合同。乙可以根据《民法典》第 584 条请求赔偿，也可以根据《民法典》第 563 条请求解除合同并请求赔偿。

【考点】 预约的法律效力

【详解】《民法典》第 495 条规定："当事人约定在将来一定期限内订立合同的认购书、订购书、预订书等，构成预约合同。当事人一方不履行预约合同约定的订立合同义务的，对方可以请求其承担预约合同的违约责任。" 该规定没有支持强制履行合同的主张。

2. 【参考答案】甲应对乙承担违约责任。甲应说明买卖标的物上有负担的事实而未说明，违反了法律规定的义务，在合同有效的情况下，应该纳入违约责任中。

【考点】违约责任

【详解】《民法典》第 612 条规定："出卖人就交付的标的物，负有保证第三人对该标的物不享有任何权利的义务，但是法律另有规定的除外。"

3. 【参考答案】按照我国《民法典》第 221 条的规定，预告登记后，甲再处分房屋的，不产生物权效力。即乙对房屋的交付请求权具有物权性优先权，可以对抗所有未登记的购买人。

【考点】预告登记的法律效力

【详解】《民法典》第 221 条规定："当事人签订买卖房屋的协议或者签订其他不动产物权的协议，为保障将来实现物权，按照约定可以向登记机构申请预告登记。预告登记后，未经预告登记的权利人同意，处分该不动产的，不发生物权效力。预告登记后，债权消灭或者自能够进行不动产登记之日起九十日内未申请登记的，预告登记失效。"

4. 【参考答案】预告登记后，甲与第三人签订的房屋买卖合同有效，只是不发生物权变动的效力，如果甲不履行，将对第三人承担违约责任。

【考点】预告登记的法律效力

【详解】《民法典》第 221 条规定："当事人签订买卖房屋的协议或者签订其他不动产物权的协议，为保障将来实现物权，按照约定可以向登记机构申请预告登记。预告登记后，未经预告登记的权利人同意，处分该不动产的，不发生物权效力。预告登记后，债权消灭或者自能够进行不动产登记之日起九十日内未申请登记的，预告登记失效。"

5. 【参考答案】如果甲不履行合同义务，乙可以选择实现抵押权或者向保证人丁主张保证责任。无论是丙还是丁履行担保责任后，都有权向甲追偿。［或：丙、丁可向甲追偿，也可以要求对方（丙或者丁）承担一半的份额。］

【考点】混合担保的效力

【详解】《民法典》第 392 条规定："被担保的债权既有物的担保又有人的担保的，债务人不履行到期债务或者发生当事人约定的实现担保物权的情形，债权人应当按照约定实现债权；没有约定或者约定不明确，债务人自己提供物的担保的，债权人应当先就该物的担保实现债权；第三人提供物的担保的，债权人可以就物的担保实现债权，也可以请求保证人承担保证责任。提供担保的第三人承担担保责任后，有权向债务人追偿。"

6. 【参考答案】不得主张无效。即使没有处分权，也不影响合同效力。李某不可以主张房屋登记过户为无效或者撤销登记。

【考点】无权处分夫妻共同财产行为的效力

【详解】《民法典》第 597 条第 1 款规定："因出卖人未取得处分权致使标的物所有权不能转移的，买受人可以解除合同并请求出卖人承担违约责任。"据此，无权处分不影响合同的效力。《最高人民法院关于适用〈中华人民共和国民法典〉婚姻家庭编的解释（一）》第 28 条第 1 款规定："一方未经另一方同意出售夫妻共同所有的房屋，第三人善意购买、支付合理对价并已办理不动产登记，另一方主张追回该房屋的，人民法院不予支持。"

7.【参考答案】不成立。由于双方为夫妻共同财产制，夫妻关系存续是诉讼时效期间中止的法定事由。

【考点】擅自处分夫妻共同财产造成损失的救济规则

【详解】《最高人民法院关于适用〈中华人民共和国民法典〉婚姻家庭编的解释（一）》第 28 条第 2 款规定："夫妻一方擅自处分共同所有的房屋造成另一方损失，离婚时另一方请求赔偿损失的，人民法院应予支持。"

试题四

1.【参考答案】（1）有效。我国《民法典》虽然没有规定这种让与担保方式，但并无禁止性规定。通过合同约定，再转移所有权的方式达到担保目的，不违反法律，也符合合同自由、鼓励交易的立法目的。

（2）答案一：乙对汽车享有的不是所有权，而是以所有权人的名义享有担保权。

答案二：由于办理了过户登记手续，乙对汽车享有所有权。

【考点】让与担保的效力

【详解】本题涉及理论和实践中对于让与担保的不同效力判断。（1）对于让与担保，我国现行法并未规定，但对于同属非典型担保的后让与担保方式，《最高人民法院关于审理民间借贷案件适用法律若干问题的规定》第 23 条规定："当事人以订立买卖合同作为民间借贷合同的担保，借款到期后借款人不能还款，出借人请求履行买卖合同的，人民法院应当按照民间借贷法律关系审理。当事人根据法庭审理情况变更诉讼请求的，人民法院应当准许。按照民间借贷法律关系审理作出的判决生效后，借款人不履行生效判决确定的金钱债务，出借人可以申请拍卖买卖合同标的物，以偿还债务。就拍卖所得的价款与应偿还借款本息之间的差额，借款人或者出借人有权主张返还或者补偿。"在该规定中，显然采尊重当事人真正意思的态度。依此认定本题中的约定有效也是符合该规定的精神的。

（2）上述规定对于担保的性质，显然并未采担保物权的观点，即并不支持成功设立担保物权的意思。但本题中，根据《民法典》第 224 条"动产物权的设立和转让，自交付时发生效力，但是法律另有规定的除外"以及第 225 条"船舶、航空器和机动车等的物权的设立、变更、转让和消灭，未经登记，不得对抗善意第三人"的规定，担保物的所有权已经转移至乙。故本解析认为，乙取得汽车的所有权，即答案二也不违反上述规定。

2.【参考答案】不能成立。

答案一：乙对汽车享有所有权，其有权处分该汽车。题目中没有导致合同无效的其他因素。

答案二：虽然乙将汽车出卖给丙公司的行为属于无权处分，对甲也构成违约行为，但无权处分不影响合同效力，法律并不要求出卖人在订立买卖合同时对标的物享有所有权或者处分权。

【考点】合同的效力

【详解】本题中，无论是否认可乙对汽车享有所有权，都不影响合同效力的判断：（1）如果认可乙对汽车享有所有权，则乙对汽车的处分为有权处分，且题目中也未给出导致合同无效的其他因素，可以认定合同有效。（2）《民法典》第597条第1款规定："因出卖人未取得处分权致使标的物所有权不能转移的，买受人可以解除合同并请求出卖人承担违约责任。"据此，如果认为乙并未取得汽车的所有权，其将汽车出卖给丙公司的行为属于无权处分，但无权处分并不影响合同的效力。综上，甲关于"乙将汽车出卖给丙公司的合同无效"的主张不成立。

3.【参考答案】有法律依据。根据《民法典》的规定，汽车属于特殊动产，交付即转移所有权，登记只产生对外的效力，不登记不具有对抗第三人的效力。本案中因为汽车已经交付，丙公司已取得汽车所有权。

【考点】特殊动产的所有权变动

【详解】《民法典》第224条规定："动产物权的设立和转让，自交付时发生效力，但是法律另有规定的除外。"《民法典》第225条规定："船舶、航空器和机动车等的物权的设立、变更、转让和消灭，未经登记，不得对抗善意第三人。"依该两条规定，汽车作为特殊动产，交付即转移所有权，登记只是产生对外的效力，不登记不具有对抗第三人的效力。本题中汽车已经交付，丙公司已取得汽车所有权。

4.【参考答案】有效，尽管丁不享有所有权或处分权，但是并不影响租赁合同的效力。丁所得的租金属于不当得利。

【考点】租赁合同的效力；不当得利

【详解】（1）《民法典》第703条规定："租赁合同是出租人将租赁物交付承租人使用、收益，承租人支付租金的合同。"据此，租赁合同是以物的使用、收益为目的，出租人负有将租赁物交付承租人使用的义务。租赁合同的出租人是否为租赁物的所有人或使用人，并不影响租赁合同的效力。以他人之物出租的，租赁合同仍有效，但必须以出租人将标的物交付承租人使用为前提，只要满足这一前提，那么承租人仍应交付租金，而不得以出租人不享有租赁物的所有权为由抗辩。

（2）《民法典》第122条规定："因他人没有法律根据，取得不当利益，受损失的人有权请求其返还不当利益。"据此，丁获得的租金对于丙而言属于不当得利。

5.【参考答案】己公司无权扣留汽车并享有留置权。根据《民法典》第448条的规定，债权人留置的动产与债权应该属于同一法律关系。而在本案中，债权与汽车无牵连关系。

【考点】留置权的成立

【详解】《民法典》第448条规定："债权人留置的动产，应当与债权属于同一法律关系，但是企业之间留置的除外。"本题中，己公司和戊存在两次修理合同关系，其不能以第一次修理合同中的债权留置第二次修理合同中的标的物。

6.【参考答案】辛有权向戊、己公司、庚请求赔偿，因为戊系承租人，系汽车的使用权人；庚是己公司的雇员，庚的行为属于职务行为，己应当承担雇用人（或雇主）责任；庚系肇事人（或者答直接侵权行为人）。

【考点】机动车交通事故责任

【详解】（1）《民法典》第1215条规定："盗窃、抢劫或者抢夺的机动车发生交通事故造成损害的，由盗窃人、抢劫人或者抢夺人承担赔偿责任。盗窃人、抢劫人或者抢夺人与机动车使用人不是同一人，发生交通事故造成损害，属于该机动车一方责任的，由盗窃人、抢劫人或者抢夺人与机动车使用人承担连带责任。保险人在机动车强制保险责任限额范围内垫付抢救费用的，有权向交通事故责任人追偿。"《民法典》第1212条规定："未经允许驾驶他人机动车，发生交通事故造成损害，属于该机动车一方责任的，由机动车使用人承担赔偿责任；机动车所有人、管理人对损害的发生有过错的，承担相应的赔偿责任，但是本章另有规定的除外。"庚为肇事人即直接侵权行为人。同时，因为庚是己公司的雇员，庚的行为属于职务行为，己公司应当承担法人的替代责任。故辛有权向直接侵权人庚和雇主己公司请求损害赔偿。

（2）《民法典》第1209条规定："因租赁、借用等情形机动车所有人、管理人与使用人不是同一人时，发生交通事故造成损害，属于该机动车一方责任的，由机动车使用人承担赔偿责任；机动车所有人、管理人对损害的发生有过错的，承担相应的赔偿责任。"本题中，戊作为承租人，系汽车的使用权人，其扣留汽车期间未尽妥善保管义务，以致被庚偷开上路，对最终的损害有过错，故辛也有权向汽车的使用权人戊请求损害赔偿。

7.【参考答案】丙公司与乙之间的财产诉讼应该由受理破产案件的人民法院管辖。法院受理丙公司破产申请后，乙应当申报债权，如果对于债权有争议，可以向受理破产申请的人民法院提起诉讼，但不能按照民事诉讼程序申请执行。

【考点】诉讼管辖；破产申请的效力

【详解】《企业破产法》第19条规定："人民法院受理破产申请后，有关债务人财产的保全措施应当解除，执行程序应当中止。"结合本题，在法院受理丙公司破产申请后，乙应当申报债权，如果乙对于债权有争议，可以向受理破产申请的人民法院提起诉讼，但不能按照民事诉讼程序申请执行。

试题五

1.【参考答案】答案一：本案应按照民间借贷法律关系作出认定和处理。理由是：根据《最高人民法院关于审理民间借贷案件适用法律若干问题的规定》第23条第1款的规定，当事人以订立买卖合同作为民间借贷合同的担保，借款到期后借款人不能还款，出借人请求履行买卖合同的，人民法院应当按照民间借贷法律关系审理。当事人根据法庭审理情况变更诉讼请求的，人民法院应当准许。根据《最高人民法院关于审理民间借贷案件适用法律若干问题的规定》第 23 条第 2 款的规定，按照民间借贷法律关系审理作出的判决生效后，借款人不履行生效判决确定的金钱债务，出借人可以申请拍卖买卖合同标的物，以偿还债务。就拍卖所得的价款与应偿还借款本息之间的差额，借款人或者出借人有权主张返还或者补偿。

答案二：应当按照抵押合同处理。根据《民法典》第 146 条第 1 款的规定，行为人与相对人以虚假的意思表示实施的民事法律行为无效。由此可以认定买卖合同无效。又根据《民法典》第 146 条第 2 款的规定，以虚假的意思表示隐藏的民事法律行为的效力，依照有关法律规定处理。据此认定隐藏的行为为抵押合同，应当按照抵押合同处理。

【考点】以买卖合同作为民间借贷法律关系担保的处理问题

【详解】就甲对乙的 100 万元借款，如乙未起诉甲履行借款合同，而是起诉甲履行买卖合同，人民法院应当按照民间借贷法律关系审理，并向当事人释明变更诉讼请求；当事人拒绝变更的，人民法院裁定驳回起诉。

2.【参考答案】甲仅于 S 企业财产不足以清偿债务时以个人其他财产予以清偿；根据《个人独资企业法》第 31 条的规定，个人独资企业财产不足以清偿债务的，投资人应当以其个人的其他财产予以清偿。丁应承担一般保证责任；根据《民法典》第 686 条第 2 款的规定，当事人在保证合同中对保证方式没有约定或者约定不明确的，按照一般保证承担保证责任。戊不承担责任，其质权因丧失占有而消灭。

【考点】个人独资企业的责任承担；保证责任以及动产质押权的消灭

【详解】甲仅于 S 企业财产不足以清偿债务时以个人其他财产予以清偿；丁应承担连带保证责任；戊不承担责任。

（1）《个人独资企业法》第 31 条规定："个人独资企业财产不足以清偿债务的，投资人应当以其个人的其他财产予以清偿。"故本题中甲在 S 企业财产不足以清偿债务时，应以个人其他财产予以清偿。

（2）《民法典》第 686 条第 2 款规定："当事人在保证合同中对保证方式没有约定或者约定不明确的，按照一般保证承担保证责任。"故本题中丁应承担一般保证责任。

（3）戊以一辆高级轿车为质押并交付，但后经戊要求，丙让戊取回使用，戊又私自将该车以市价卖给不知情的己，并办理了过户登记。这种情形下，丙的质权因丧失占有而消灭，所以戊不再承担担保责任。

3.【参考答案】合同有效，庚知情并不影响合同效力。庚已取得所有权，甲系有权处分，庚因登记取得所有权。

【考点】合同的效力认定及房屋所有权的取得

【详解】合同有效。庚已取得房屋所有权。

（1）甲将 M 房屋出卖于庚，签订买卖合同并办理变更登记。该买卖合同的效力不受庚知悉甲已与乙订立房屋买卖合同的影响。

（2）《民法典》第 214 条规定："不动产物权的设立、变更、转让和消灭，依照法律规定应当登记的，自记载于不动产登记簿时发生效力。"本题中，甲将自己所有的房屋出卖于庚，是有权处分，该房屋的所有权因登记而由甲转移至庚。

4.【参考答案】 甲有权收取。甲为有权占有，租赁合同有效，甲可收取房屋法定孳息。

【考点】 房屋租赁合同的效力

【详解】 甲有权收取。本题中，甲未经房屋所有人庚同意将 M 房屋出租给知悉其卖房给庚一事的辛，甲辛之间成立有效的租赁合同，甲作为承租人，有权收取租金。

5.【参考答案】 应由甲承担。根据《民法典》第 604 条的规定，除非当事人另有约定，标的物风险自交付时起转移。

【考点】 房屋买卖合同中房屋毁损、灭失的风险承担

【详解】 应由甲承担 M 房屋火灾损失。《民法典》第 604 条规定："标的物毁损、灭失的风险，在标的物交付之前由出卖人承担，交付之后由买受人承担，但是法律另有规定或者当事人另有约定的除外。"《最高人民法院关于审理商品房买卖合同纠纷案件适用法律若干问题的解释》第 8 条规定："对房屋的转移占有，视为房屋的交付使用，但当事人另有约定的除外。房屋毁损、灭失的风险，在交付使用前由出卖人承担，交付使用后由买受人承担；买受人接到出卖人的书面交房通知，无正当理由拒绝接收的，房屋毁损、灭失的风险自书面交房通知确定的交付使用之日起由买受人承担，但法律另有规定或者当事人另有约定的除外。"本题中，甲从辛处收回房屋的当日，因雷电引发火灾，房屋严重毁损。尽管房屋所有权已经转移至庚，但房屋并未交付于庚，所以应由占有人甲承担 M 房屋的火灾损失。

6.【参考答案】 庚享有请求权。根据《保险法》第 49 条第 1 款的规定，保险标的转让的，保险标的的受让人承继被保险人的权利和义务。

【考点】 保险合同中保险标的的转让的效力

【详解】 庚享有 M 房屋火灾损失的保险金请求权。《保险法》第 49 条第 1 款规定："保险标的的转让的，保险标的的受让人承继被保险人的权利和义务。"本题中，根据甲卖房前与某保险公司订立的保险合同（甲为被保险人），某保险公司应支付房屋火灾保险金 5 万元。在房屋所有权转移至庚后，房屋火灾损失的保险金请求权也随之转移。

试题六

1.【参考答案】 不构成。因为乙公司以甲公司的名义与自己签订协议，不符合表见代理的构成要件，乙公司代甲公司签章的行为只能归于乙公司自己。

【考点】 表见代理

【详解】《民法典》第 171 条第 1 款规定："行为人没有代理权、超越代理权或者代理权终止后，仍然实施代理行为，未经被代理人追认的，对被代理人不发生效力。"

2.【参考答案】因变更后的仲裁协议无效，故 C 市仲裁委员会的仲裁裁决属于可撤销裁决。根据《仲裁法》第 4 条的规定，当事人采用仲裁方式解决纠纷，应当双方自愿，达成仲裁协议。没有仲裁协议，一方申请仲裁的，仲裁委员会不予受理。因此，仲裁协议的签订和变更需双方均自愿。本案中，双方约定的是甲公司对外签订合同要经过乙公司同意，因此，对于甲、乙之间的合同，乙公司无权改动，该行为无效，所以变更后的仲裁协议无效，甲公司可以没有仲裁协议为由，申请法院撤销 C 市仲裁委员会的仲裁裁决。

【考点】**仲裁管辖**

【详解】《仲裁法》第 4 条规定："当事人采用仲裁方式解决纠纷，应当双方自愿，达成仲裁协议。没有仲裁协议，一方申请仲裁的，仲裁委员会不予受理。"

3.【参考答案】《仲裁法》第 58 条的规定，甲公司应当向 C 市仲裁委员会所在地的中级人民法院提出撤销仲裁裁决的申请。

【考点】**仲裁裁决的撤销**

【详解】根据《仲裁法》第 58 条规定："当事人提出证据证明裁决有下列情形之一的，可以向仲裁委员会所在地的中级人民法院申请撤销裁决：（一）没有仲裁协议的；（二）裁决的事项不属于仲裁协议的范围或者仲裁委员会无权仲裁的；（三）仲裁庭的组成或者仲裁的程序违反法定程序的；（四）裁决所根据的证据是伪造的；（五）对方当事人隐瞒了足以影响公正裁决的证据的；（六）仲裁员在仲裁该案时有索贿受贿，徇私舞弊，枉法裁决行为的。人民法院经组成合议庭审查核实裁决有前款规定情形之一的，应当裁定撤销。人民法院认定该裁决违背社会公共利益的，应当裁定撤销。"

4.【参考答案】甲公司与丙公司签订的委托合同有效。韩某在合同上签字的行为属于代表行为，且属于有权代表，虽然委托合同未加盖丙公司公章，但根据《民法典》第 61 条第 2 款的规定，该委托合同直接归属于丙公司承受。另外，由于尚未办理变更登记，根据《民法典》第 65 条的规定，不得对抗善意相对人。

【考点】**合同效力；代表行为**

【详解】《民法典》第 65 条规定："法人的实际情况与登记的事项不一致的，不得对抗善意相对人。"

《民法典》第 61 条第 2 款规定："法定代表人以法人名义从事的民事活动，其法律后果由法人承受。"

5.【参考答案】甲公司有权解除与丙公司的委托合同。根据《民法典》第 933 条的规定，委托合同的双方当事人均享有任意解除权。故甲公司有权随时解除与丙公司的委托合同。甲公司行使任意解除权给丙公司造成损失的，应当对丙公司承担损害赔偿责任。

【考点】**委托合同的任意解除权**

【详解】《民法典》第 933 条规定："委托人或者受托人可以随时解除委托合同。因解除合同造成对方损失的，除不可归责于该当事人的事由外，无偿委托合同的解除方应当赔偿因解除时间不当造成的直接损失，有偿委托合同的解除方应当赔偿对方的直接损失和合同履行后可以获得的利益。"

6. 【**参考答案**】丙公司不能在上诉中变更诉讼请求。二审法院不应准许丙公司变更诉讼请求，依据本案的情况，丙公司亦无法另行起诉，因为合同效力在本案中已有裁判，另行起诉将构成重复起诉。

【**考点**】上诉时变更诉讼请求

【**详解**】原告增减诉讼请求、变更诉讼请求应在一审过程中提出。二审程序的审理不应超出一审范围，故二审程序中原审原告不可增减、变更诉讼请求。若二审对新增或变更诉讼请求作出裁判，则剥夺了当事人在新增或变更诉讼请求部分的上诉权，损害当事人审级利益。

《最高人民法院关于适用〈中华人民共和国民事诉讼法〉的解释》第 326 条规定："在第二审程序中，原审原告增加独立的诉讼请求或者原审被告提出反诉的，第二审人民法院可以根据当事人自愿的原则就新增加的诉讼请求或者反诉进行调解；调解不成的，告知当事人另行起诉。双方当事人同意由第二审人民法院一并审理的，第二审人民法院可以一并裁判。"

7. 【**参考答案**】甲公司与戊的房屋买卖合同不能看作物权担保。根据《最高人民法院关于适用〈中华人民共和国民法典〉有关担保制度的解释》第 68 条的规定，甲公司与戊的约定能够设立具有担保物权属性的让与担保。但是，在未办理过户登记之前，戊仅基于有效的让与担保合同享有债权性质的担保，而尚不享有具有物权性质的担保。

【**考点**】让与担保

【**详解**】《最高人民法院关于适用〈中华人民共和国民法典〉有关担保制度的解释》第 68 条第 2 款规定："债务人或者第三人与债权人约定将财产形式上转移至债权人名下，债务人不履行到期债务，财产归债权人所有的，人民法院应当认定该约定无效，但是不影响当事人有关提供担保的意思表示的效力。当事人已经完成财产权利变动的公示，债务人不履行到期债务，债权人请求对该财产享有所有权的，人民法院不予支持；债权人请求参照民法典关于担保物权的规定对财产折价或者以拍卖、变卖该财产所得的价款优先受偿的，人民法院应予支持；债务人履行债务后请求返还财产，或者请求对财产折价或者以拍卖、变卖所得的价款清偿债务的，人民法院应予支持。"

8. 【**参考答案**】若甲公司到期无法偿债，戊无权要求甲公司交付房屋，可以申请拍卖房屋以偿还债务。根据《最高人民法院关于审理民间借贷案件适用法律若干问题的规定》第 23 条的规定，出借人可以申请拍卖买卖合同标的物，以偿还债务。就拍卖所得的价款与应偿还借款本息之间的差额，借款人或者出借人有权主张返还或者补偿。

【**考点**】名为买卖，实为借贷

【**详解**】《最高人民法院关于审理民间借贷案件适用法律若干问题的规定》第 23 条规定："当事人以订立买卖合同作为民间借贷合同的担保，借款到期后借款人不能还款，出借人请求履行买卖合同的，人民法院应当按照民间借贷法律关系审理。当事人根据法庭审理情况变更诉讼请求的，人民法院应当准许。按照民间借贷法律关系审理作出的判决生效后，借款人不履行生效判决确定的金钱债务，出借人可以申请拍卖买卖合同标的物，以偿还债务。就拍卖所得的价款与应偿还借款本息之间的差额，借款人或者出借人有权主张返还或者补偿。"

9.【参考答案】甲公司无权解除与乙公司的建筑工程施工合同。根据《民法典》第525条的规定,甲公司不履行向乙公司支付到期工程价款的义务时,乙公司享有同时履行抗辩权,乙公司停工不构成违约,甲公司不享有解除权。

【考点】同时履行抗辩权

【详解】《民法典》第525条规定:"当事人互负债务,没有先后履行顺序的,应当同时履行。一方在对方履行之前有权拒绝其履行请求。一方在对方履行债务不符合约定时,有权拒绝其相应的履行请求。"

10.【参考答案】丁公司收到破产通知后的做法,行使的是出卖人的取回权,其法律依据为《企业破产法》第39条。

【考点】取回权

【详解】《企业破产法》第39条规定:"人民法院受理破产申请时,出卖人已将买卖标的物向作为买受人的债务人发运,债务人尚未收到且未付清全部价款的,出卖人可以取回在运途中的标的物。但是,管理人可以支付全部价款,请求出卖人交付标的物。"

11.【参考答案】有仲裁协议的当事人一方破产时,双方有财产争议的,应当依据仲裁协议申请仲裁。根据《最高人民法院关于适用〈中华人民共和国企业破产法〉若干问题的规定(三)》第8条的规定,在法院受理破产申请后,与债务人相关的民事权利义务争议,如果当事人双方就解决争议约定有明确且有效的仲裁协议,则应当按照约定通过仲裁的方式予以解决。

【考点】破产受理前的仲裁协议效力

【详解】《最高人民法院关于适用〈中华人民共和国企业破产法〉若干问题的规定(三)》第8条规定:"……当事人之间在破产申请受理前订立有仲裁条款或仲裁协议的,应当向选定的仲裁机构申请确认债权债务关系。"

12.【参考答案】符合法定情形的,可以交其他法院管辖。根据《最高人民法院关于适用〈中华人民共和国企业破产法〉若干问题的规定(二)》第47条的规定,具体而言:

(1)人民法院受理破产申请后,当事人提起的有关债务人的民事诉讼案件,应当由受理破产申请的人民法院管辖。

(2)受理破产申请的人民法院管辖的有关债务人的第一审民事案件,可以由上级人民法院提审,或者报请上级人民法院批准后交下级人民法院审理。

(3)受理破产申请的人民法院,如对有关债务人的海事纠纷、专利纠纷、证券市场因虚假陈述引发的民事赔偿纠纷等案件不能行使管辖权的,可以由上级人民法院指定管辖。

【考点】破产案件的管辖

【详解】《最高人民法院关于适用〈中华人民共和国企业破产法〉若干问题的规定(二)》第47条规定:"人民法院受理破产申请后,当事人提起的有关债务人的民事诉讼案件,应当依据企业破产法第二十一条的规定，由受理破产申请的人民法院管辖。受理破产申请的人民法院管辖的有关债务人的第一审民事案件，可以依据民事诉讼法第三十八条（现为第 39 条）的规定，由上级人民法院提审，或者报请上级人民法院批准后交下级人民法院审理。受理破产申请的人民法院，如对有关债务人的海事纠纷、专利纠纷、证券市场因虚假陈述引发的民事赔偿纠纷等案件不能行使管辖权的，可以依据民事诉讼法第三十七条（现为第 38 条）的规定，由上级人民法院指定管辖。"

13. 【参考答案】（1）乙公司对甲公司的在建商品房享有优先受偿权。根据《民法典》第 807 条的规定，发包人未按照约定支付价款的，承包人可以催告发包人在合理期限内支付价款。建设工程的价款就该工程折价或者拍卖的价款优先受偿。

（2）根据《最高人民法院关于审理建设工程施工合同纠纷案件适用法律问题的解释（一）》第 40 条的规定，承包人建设工程价款优先受偿的范围依照国务院有关行政主管部门关于建设工程价款范围的规定确定，不包括因甲公司迟延履行给乙公司造成的迟延利息、违约金、损害赔偿金等。

【考点】 承包人建设工程价款优先受偿权

【详解】《民法典》第 807 条规定："发包人未按照约定支付价款的，承包人可以催告发包人在合理期限内支付价款。发包人逾期不支付的，除根据建设工程的性质不宜折价、拍卖外，承包人可以与发包人协议将该工程折价，也可以请求人民法院将该工程依法拍卖。建设工程的价款就该工程折价或者拍卖的价款优先受偿。"

《最高人民法院关于审理建设工程施工合同纠纷案件适用法律问题的解释（一）》第 40 条规定："承包人建设工程价款优先受偿的范围依照国务院有关行政主管部门关于建设工程价款范围的规定确定。承包人就逾期支付建设工程价款的利息、违约金、损害赔偿金等主张优先受偿的，人民法院不予支持。"

14. 【参考答案】根据《最高人民法院关于适用〈中华人民共和国民事诉讼法〉的解释》第 247 条的规定，重复起诉需满足三个要件：（1）后诉与前诉的当事人相同；（2）后诉与前诉的诉讼标的相同；（3）后诉与前诉的诉讼请求相同，或者后诉的诉讼请求实质上否定前诉裁判结果。

是否构成重复起诉，需分情况讨论。本案中，虽然前诉与后诉的诉讼当事人和诉讼标的均相同，但诉讼请求不同，如果法院支持了前诉关于本金的请求，则后诉关于利息的请求不构成重复起诉；但如果法院判决驳回了前诉关于本金的请求，则后诉关于利息的请求可能构成重复起诉。

【考点】 重复起诉

【详解】《最高人民法院关于适用〈中华人民共和国民事诉讼法〉的解释》第 247 条规定："当事人就已经提起诉讼的事项在诉讼过程中或者裁判生效后再次起诉，同时符合下列条件的，构成重复起诉：（一）后诉与前诉的当事人相同；（二）后诉与前诉的诉讼标的相同；（三）后诉与前诉的诉讼请求相同，或者后诉的诉讼请求实质上否定前诉裁判结果。当事人重复起诉的，裁定不予受理；已经受理的，裁定驳回起诉，但法律、司法解释另有规定的除外。"

试题七

1.【参考答案】 答案一：以物抵债协议无效。因为在履行期限届满前，A 公司与 B 公司签订的以物抵债协议属于流押协议，该协议因违反法律的效力性强制性规定而无效。

答案二：以物抵债协议未生效。根据民法通说，以物抵债协议是实践合同，以交付标的物为生效条件，本案中 A 公司未为 B 公司办理过户登记，不满足生效要件，故该以物抵债协议未生效。

答案三：以物抵债协议合法有效。因为在履行期限届满前，A 公司与 B 公司之间的代物清偿协议的性质属于让与担保协议，该协议：（1）不违反法律、行政法规的效力性强制性规定；（2）不违背公序良俗；（3）主体具有相应的民事行为能力；（4）意思表示真实。因此合法有效。

【考点】 代物清偿协议

【详解】《民法典》第 401 条规定："抵押权人在债务履行期限届满前，与抵押人约定债务人不履行到期债务时抵押财产归债权人所有的，只能依法就抵押财产优先受偿。"

2.【参考答案】 C 公司为原告，A 公司为被告，B 公司为无独立请求权的第三人。

【考点】 债权人撤销权之诉

【详解】 债权人提起撤销权诉讼时，只以债务人为被告，未将受益人或受让人列为第三人的，法院可以追加该受益人或受让人为第三人。

3.【参考答案】 A 公司有大量财产可以清偿债务，构成 C 公司行使撤销权的障碍。根据《民法典》第 539 条的规定，债权人撤销权的构成要件有四：（1）债权人对债务人有合法债权；（2）主观上，债务人具有损害债权人债权的恶意；（3）客观上，债务人实施了诈害债权的行为；（4）债务人的行为已危害债权人债权。本案中，如果能够证明债务人 A 公司还有大量财产可供偿还债务，说明不会危害债权人 C 公司的债权，故构成 C 公司行使撤销权的障碍，债权人 C 公司不得行使债权人撤销权。

【考点】 债权人撤销权

【详解】《民法典》第 539 条规定："债务人以明显不合理的低价转让财产、以明显不合理的高价受让他人财产或者为他人的债务提供担保，影响债权人的债权实现，债务人的相对人知道或者应当知道该情形的，债权人可以请求人民法院撤销债务人的行为。"

4.【参考答案】 不属于夫妻共同债务。因为股东张三的行为系个人行为，并非用于夫妻共同生活、共同生产经营或基于夫妻双方共同意思表示而产生的债务，故不属于夫妻共同债务。

【考点】 夫妻共同债务

【详解】《民法典》第 1064 条规定："夫妻双方共同签名或者夫妻一方事后追认等共同意思表示所负的债务，以及夫妻一方在婚姻关系存续期间以个人名义为家庭日常生活需要所负的债务，属于夫妻共同债务。夫妻一方在婚姻关系存续期间以个人名义超出家庭日常生活需要所负的债务，不属于夫妻共同债务；但是，债权人能够证明该债务用于夫妻共同生活、共同生产经营或者基于夫妻双方共同意思表示的除外。"

5. 【参考答案】A 公司对 D 公司的出质有效，D 公司的权利质权已经有效设立。根据《民法典》第 440 条的规定，以汇票出质的，只要求出质人 A 公司对汇票享有处分权，且设立权利质权并非对票据的转让，故"不得转让"字样不影响出质的效力。故 A 公司对 D 公司的出质有效，且该汇票已交付 D 公司，D 公司的权利质权已经有效设立。

【考点】权利质权

【详解】《民法典》第 440 条规定："债务人或者第三人有权处分的下列权利可以出质：（一）汇票、本票、支票……"

《民法典》第 441 条规定："以汇票、本票、支票、债券、存款单、仓单、提单出质的，质权自权利凭证交付质权人时设立；没有权利凭证的，质权自办理出质登记时设立。法律另有规定的，依照其规定。"

6. 【参考答案】A 公司与 E 公司不构成人格混同，E 公司无需承担连带责任。人格混同，是指法人与出资人出现完全混同的局面。认定公司人格与股东人格是否存在混同，最主要的表现是公司的财产与股东的财产是否混同且无法区分。但本题中，E 公司并不是 A 公司股东，故不存在人格混同，也无需承担连带责任。

【考点】人格混同

【详解】《公司法》第 20 条第 3 款规定："公司股东滥用公司法人独立地位和股东有限责任，逃避债务，严重损害公司债权人利益的，应当对公司债务承担连带责任。"

7. 【参考答案】不构成重复起诉。根据《最高人民法院关于适用〈中华人民共和国民事诉讼法〉的解释》第 248 条的规定，裁判发生法律效力后，发生新的事实，当事人再次提起诉讼的，人民法院应当依法受理。本案中，继续履行合同的判决生效后，A 公司交付的轮胎，质量不符合合同要求，属于发生了新的事实和纠纷，F 公司再次起诉不属于重复起诉，法院应当受理。

【考点】重复起诉

【详解】《最高人民法院关于适用〈中华人民共和国民事诉讼法〉的解释》第 248 条规定："裁判发生法律效力后，发生新的事实，当事人再次提起诉讼的，人民法院应当依法受理。"

8. 【参考答案】G 公司、H 公司可以请求对 A 公司及其所有全资子公司进行合并重整。根据题干可知，A 公司与其所有全资子公司已构成人格混同，应适用法人人格否认，在破产程序中，债权人可申请对 A 公司及其所有全资子公司进行合并重整。

【考点】人格混同；法人人格否认；关联企业实质合并破产

【详解】《全国法院破产审判工作会议纪要》规定："人民法院在审理企业破产案件时，应当尊重企业法人人格的独立性，以对关联企业成员的破产原因进行单独判断并适用单个破产程序为基本原则。当关联企业成员之间存在法人人格高度混同、区分各关联企业成员财产的成本过高、严重损害债权人公平清偿利益时，可例外适用关联企业实质合并破产方式进行审理。"

9. 【参考答案】根据《企业破产法》的规定，重整程序开始后：（1）有关债务人财产的保全措施应当解除，执行程序应当中止；（2）已经开始而尚未终结的有关债务人的民事诉讼或者仲裁应当中止；在管理人接管债务人的财产后，该诉讼或者仲裁继续进行。

【考点】重整程序的开始

【详解】《企业破产法》第 19 条规定："人民法院受理破产申请后，有关债务人财产的保全措施应当解除，执行程序应当中止。"

《企业破产法》第 20 条规定："人民法院受理破产申请后，已经开始而尚未终结的有关债务人的民事诉讼或者仲裁应当中止；在管理人接管债务人的财产后，该诉讼或者仲裁继续进行。"

试题八

1.【参考答案】可以。因为 A、B 直接将甲公司财产作为个人财产加以处分，导致控制股东 A、B 与甲公司构成"基于财产混同的人格混同"，即滥用法人的独立地位和股东有限责任损害债权人利益，甲公司的债权人可以直接请求 A 和 B 承担连带责任。

【考点】人格混同；法人人格否认；连带责任

【详解】《民法典》第 83 条第 2 款规定："营利法人的出资人不得滥用法人独立地位和出资人有限责任损害法人债权人的利益；滥用法人独立地位和出资人有限责任，逃避债务，严重损害法人债权人的利益的，应当对法人债务承担连带责任。"

2.【参考答案】乙公司按约定办理完股权的变更登记后，A 和 B 不能取得乙公司的股权。乙公司在形式上将其股权分别转让给 A 和 B，以担保乙公司对 A、B 债务的履行，属于让与担保，而非股权转让；根据《最高人民法院关于适用〈中华人民共和国民法典〉有关担保制度的解释》第 68 条第 1、2 款的规定，虽已完成让与担保财产权利变动的公示，但 A、B 并未取得相应的股权。

【考点】让与担保

【详解】《最高人民法院关于适用〈中华人民共和国民法典〉有关担保制度的解释》第 68 条第 1、2 款规定："债务人或者第三人与债权人约定将财产形式上转移至债权人名下，债务人不履行到期债务，债权人有权对财产折价或者以拍卖、变卖该财产所得价款偿还债务的，人民法院应当认定该约定有效。当事人已经完成财产权利变动的公示，债务人不履行到期债务，债权人请求参照民法典关于担保物权的有关规定就该财产优先受偿的，人民法院应予支持。债务人或者第三人与债权人约定将财产形式上转移至债权人名下，债务人不履行到期债务，财产归债权人所有的，人民法院应当认定该约定无效，但是不影响当事人有关提供担保的意思表示的效力。当事人已经完成财产权利变动的公示，债务人不履行到期债务，债权人请求对该财产享有所有权的，人民法院不予支持；债权人请求参照民法典关于担保物权的规定对财产折价或者以拍卖、变卖该财产所得的价款优先受偿的，人民法院应予支持；债务人履行债务后请求返还财产，或者请求对财产折价或者以拍卖、变卖所得的价款清偿债务的，人民法院应予支持。"

3.【参考答案】（1）丁公司已登记的动产浮动抵押权能够对抗买受人 G。乙公司主营业务为房地产开发，出让铲车不属于正常的经营活动，因此 G 并非正常经营活动中的买受人，根据《民法典》第 404 条的规定，丁公司对 2 台铲车的浮动抵押权仍可对抗买受人 G。

（2）丁公司的债权有乙公司为其设立的动产浮动抵押和自然人 C、D 提供的保证，属于混合担保。由于未约定丁公司行使担保权利的顺序与份额，根据《民法典》第 392 条的规定，乙公司到期无法偿还借款，丁公司应首先实现对乙公司的动产浮动抵押权，如果动产浮动抵押权无法满足丁公司的债权实现，C、D 仅对乙公司财产依法强制执行后仍不能履行的部分承担保证责任。

（3）C、D 与丁公司未约定保证方式，根据《民法典》第 686 条第 2 款的规定，应当认定为一般保证。根据《最高人民法院关于适用〈中华人民共和国民法典〉有关担保制度的解释》第 26 条的规定，一般保证中，债权人以债务人为被告提起诉讼的，人民法院应予受理。债权人未就主合同纠纷提起诉讼或者申请仲裁，仅起诉一般保证人的，人民法院应当驳回起诉。据此，丁公司可以仅以乙公司为被告起诉，或者以乙公司和 C、D 其中一人或两人为被告起诉，但不得仅以 C、D 其中一人或两人为被告起诉。

【考点】抵押财产转让；正常经营买受人规则；混合担保的实现顺位；原告和被告地位的确定

【详解】《民法典》第 404 条规定："以动产抵押的，不得对抗正常经营活动中已经支付合理价款并取得抵押财产的买受人。"

《民法典》第 392 条规定："被担保的债权既有物的担保又有人的担保的，债务人不履行到期债务或者发生当事人约定的实现担保物权的情形，债权人应当按照约定实现债权；没有约定或者约定不明确，债务人自己提供物的担保的，债权人应当先就该物的担保实现债权；第三人提供物的担保的，债权人可以就物的担保实现债权，也可以请求保证人承担保证责任。提供担保的第三人承担担保责任后，有权向债务人追偿。"

《民法典》第 686 条第 2 款规定："当事人在保证合同中对保证方式没有约定或者约定不明确的，按照一般保证承担保证责任。"

《最高人民法院关于适用〈中华人民共和国民法典〉有关担保制度的解释》第 26 条规定："一般保证中，债权人以债务人为被告提起诉讼的，人民法院应予受理。债权人未就主合同纠纷提起诉讼或者申请仲裁，仅起诉一般保证人的，人民法院应当驳回起诉。一般保证中，债权人一并起诉债务人和保证人的，人民法院可以受理，但是在作出判决时，除有民法典第六百八十七条第二款但书规定的情形外，应当在判决书主文中明确，保证人仅对债务人财产依法强制执行后仍不能履行的部分承担保证责任。债权人未对债务人的财产申请保全，或者保全的债务人的财产足以清偿债务，债权人申请对一般保证人的财产进行保全的，人民法院不予准许。"

4.【参考答案】（1）戊公司可以要求乙公司履行还款义务，先实现乙公司提供的质权，不足部分可以要求 E 或 F 承担担保责任。E、F 承担担保责任后，有权向乙公司追偿。

（2）F 不能向 E 主张权利。对于戊公司的债权，乙公司提供质押担保，E 提供保证担保，F 提供抵押担保，成立共同担保。由于 E、F 彼此不知情，即双方未对相互追偿作出约定且未约定承担连带共同担保，根据《最高人民法院关于适用〈中华人民共和国民法典〉有关担保制度的解释》第 13 条第 3 款的规定，F 只享有对乙公司的追偿权，对 E 没有追偿权。

【考点】 违约责任；混合共同担保

【详解】《民法典》第 392 条规定："被担保的债权既有物的担保又有人的担保的，债务人不履行到期债务或者发生当事人约定的实现担保物权的情形，债权人应当按照约定实现债权；没有约定或者约定不明确，债务人自己提供物的担保的，债权人应当先就该物的担保实现债权；第三人提供物的担保的，债权人可以就物的担保实现债权，也可以请求保证人承担保证责任。提供担保的第三人承担担保责任后，有权向债务人追偿。"

《最高人民法院关于适用〈中华人民共和国民法典〉有关担保制度的解释》第 13 条规定："同一债务有两个以上第三人提供担保，担保人之间约定相互追偿及分担份额，承担了担保责任的担保人请求其他担保人按照约定分担份额的，人民法院应予支持；担保人之间约定承担连带共同担保，或者约定相互追偿但是未约定分担份额的，各担保人按照比例分担向债务人不能追偿的部分。同一债务有两个以上第三人提供担保，担保人之间未对相互追偿作出约定且未约定承担连带共同担保，但是各担保人在同一份合同书上签字、盖章或者按指印，承担了担保责任的担保人请求其他担保人按照比例分担向债务人不能追偿部分的，人民法院应予支持。除前两款规定的情形外，承担了担保责任的担保人请求其他担保人分担债务人不能追偿部分的，人民法院不予支持。"

5. **【参考答案】** G 既可以向乙公司主张违约责任，也可以向铲车的生产者或销售者主张侵权责任。由于铲车存在产品质量问题，基于乙公司与 G 之间的铲车买卖合同，G 有权请求乙公司承担违约责任。铲车存在产品质量问题和设计缺陷致工人受伤，构成《民法典》侵权责任编规定的产品责任，G 有权向铲车的生产者或者销售者主张侵权责任。

【考点】 物的瑕疵担保责任；产品责任

【详解】《民法典》第 617 条规定："出卖人交付的标的物不符合质量要求的，买受人可以依据本法第五百八十二条至第五百八十四条的规定请求承担违约责任。"

《民法典》第 1203 条规定："因产品存在缺陷造成他人损害的，被侵权人可以向产品的生产者请求赔偿，也可以向产品的销售者请求赔偿。产品缺陷由生产者造成的，销售者赔偿后，有权向生产者追偿。因销售者的过错使产品存在缺陷的，生产者赔偿后，有权向销售者追偿。"

6. **【参考答案】**（1）乙公司不得撤销对"青少年成长基金会"的捐赠。因为该捐款属于具有公益性质的赠与合同，根据《民法典》第 658 条的规定乙公司不得任意撤销。

（2）乙公司的债权人无权诉请撤销乙公司对"青少年成长基金会"的捐赠。楼盘建成后，乙公司仅出售了 15% 的房产，剩余 85% 的房产均作为乙公司对外负债的责任财产，乙公司的无偿捐款行为并未影响乙公司的债权人债权的实现，故乙公司的债权人不能行使撤销权。

【考点】赠与人的任意撤销权；债权人撤销权

【详解】《民法典》第658条规定："赠与人在赠与财产的权利转移之前可以撤销赠与。经过公证的赠与合同或者依法不得撤销的具有救灾、扶贫、助残等公益、道德义务性质的赠与合同，不适用前款规定。"

《民法典》第538条规定："债务人以放弃其债权、放弃债权担保、无偿转让财产等方式无偿处分财产权益，或者恶意延长其到期债权的履行期限，影响债权人的债权实现的，债权人可以请求人民法院撤销债务人的行为。"

7.【参考答案】（1）H有权请求乙公司承担违约责任。H所购房屋的实际面积、房型设计、容积率、配套设施等与广告宣传有很大差距，根据《最高人民法院关于审理商品房买卖合同纠纷案件适用法律若干问题的解释》第3条的规定，商品房的销售广告所作的说明和允诺具体确定的，亦应当为合同内容，当事人违反的，应当承担违约责任。

（2）H有权主张三倍赔偿。乙公司在售房时作虚假宣传，构成欺诈，H以生活消费为目的购买商品房，属于《消费者权益保护法》上的"消费者"，故有权依照《消费者权益保护法》的规定主张三倍赔偿。

【考点】商品房买卖合同；惩罚性赔偿

【详解】《最高人民法院关于审理商品房买卖合同纠纷案件适用法律若干问题的解释》第3条规定："商品房的销售广告和宣传资料为要约邀请，但是出卖人就商品房开发规划范围内的房屋及相关设施所作的说明和允诺具体确定，并对商品房买卖合同的订立以及房屋价格的确定有重大影响的，构成要约。该说明和允诺即使未载入商品房买卖合同，亦应当为合同内容，当事人违反的，应当承担违约责任。"

《消费者权益保护法》第55条第1款规定："经营者提供商品或者服务有欺诈行为的，应当按照消费者的要求增加赔偿其受到的损失，增加赔偿的金额为消费者购买商品的价款或者接受服务的费用的三倍；增加赔偿的金额不足五百元的，为五百元。法律另有规定的，依照其规定。"

8.【参考答案】（1）如H在诉讼中申请对房屋质量进行鉴定，根据《最高人民法院关于民事诉讼证据的若干规定》第31~35条的规定，应按照如下程序进行：①H应在法院指定的期限内申请鉴定，并预交鉴定费用；②法院准许H申请，应当由H与乙公司协商确定鉴定人，若协商不成，则由法院指定；③确定鉴定人之后，法院应当出具鉴定委托书，载明鉴定事项等内容；④鉴定人在鉴定开始之前应签署鉴定承诺书；⑤法院应组织乙公司与H对鉴定材料进行质证；⑥鉴定人应在期限内完成鉴定并提交鉴定书。

（2）如乙公司对该鉴定意见有异议，根据《最高人民法院关于民事诉讼证据的若干规定》第37、38条的规定，乙公司应当在法院指定的期间内以书面形式提出。对于当事人的异议，法院应当要求鉴定人作出解释、说明或者补充。人民法院认为有必要的，可以要求鉴定人对当事人未提出异议的内容进行解释、说明或者补充。当事人在收到鉴定人的书面答复后仍有异议的，法院应当通知有异议的当事人预交鉴定人的出庭费用，并通知鉴定人出庭。有异议的当事人不预交鉴定人的出庭费用的，视为放弃异议。

（3）根据《最高人民法院关于适用〈中华人民共和国民事诉讼法〉的解释》第122、123条的规定，如乙公司就鉴定意见质证，申请专家辅助人出庭的，法院应对乙公司的申请书进行审查；法院可以对出庭的专家辅助人进行询问；经法庭准许，H 和乙公司可以对出庭的专家辅助人进行询问；专家辅助人在法庭上就专业问题提出的意见，视为当事人的陈述；专家辅助人不得参与专业问题之外的法庭审理活动。

【考点】 鉴定意见；专家辅助人

【详解】（1）《最高人民法院关于民事诉讼证据的若干规定》第 31 条规定："当事人申请鉴定，应当在人民法院指定期间内提出，并交纳鉴定费用。逾期不提出申请或者不预交鉴定费用的，视为放弃申请。对需要鉴定的待证事实负有举证责任的当事人，在人民法院指定期间内无正当理由不提出鉴定申请或者不预交鉴定费用，或者拒不提供相关材料，致使待证事实无法查明的，应当承担举证不能的法律后果。"《最高人民法院关于民事诉讼证据的若干规定》第 32 条规定："人民法院准许鉴定申请的，应当组织双方当事人协商确定具备相应资格的鉴定人。当事人协商不成的，由人民法院指定。人民法院依职权委托鉴定的，可以在询问当事人的意见后，指定具备相应资格的鉴定人。人民法院在确定鉴定人后应当出具委托书，委托书中应当载明鉴定事项、鉴定范围、鉴定目的和鉴定期限。"《最高人民法院关于民事诉讼证据的若干规定》第 33 条规定："鉴定开始之前，人民法院应当要求鉴定人签署承诺书。承诺书中应当载明鉴定人保证客观、公正、诚实地进行鉴定，保证出庭作证，如作虚假鉴定应当承担法律责任等内容。鉴定人故意作虚假鉴定的，人民法院应当责令其退还鉴定费用，并根据情节，依照民事诉讼法第一百一十一条（现为第 114 条）的规定进行处罚。"《最高人民法院关于民事诉讼证据的若干规定》第 34 条规定："人民法院应当组织当事人对鉴定材料进行质证。未经质证的材料，不得作为鉴定的根据。经人民法院准许，鉴定人可以调取证据、勘验物证和现场、询问当事人或者证人。"《最高人民法院关于民事诉讼证据的若干规定》第 35 条规定："鉴定人应当在人民法院确定的期限内完成鉴定，并提交鉴定书。鉴定人无正当理由未按期提交鉴定书的，当事人可以申请人民法院另行委托鉴定人进行鉴定。人民法院准许的，原鉴定人已经收取的鉴定费用应当退还；拒不退还的，依照本规定第八十一条第二款的规定处理。"

（2）《最高人民法院关于民事诉讼证据的若干规定》第 37 条规定："人民法院收到鉴定书后，应当及时将副本送交当事人。当事人对鉴定书的内容有异议的，应当在人民法院指定期间内以书面方式提出。对于当事人的异议，人民法院应当要求鉴定人作出解释、说明或者补充。人民法院认为有必要的，可以要求鉴定人对当事人未提出异议的内容进行解释、说明或者补充。"《最高人民法院关于民事诉讼证据的若干规定》第 38 条规定："当事人在收到鉴定人的书面答复后仍有异议的，人民法院应当根据《诉讼费用交纳办法》第十一条的规定，通知有异议的当事人预交鉴定人出庭费用，并通知鉴定人出庭。有异议的当事人不预交鉴定人出庭费用的，视为放弃异议。双方当事人对鉴定意见均有异议的，分摊预交鉴定人出庭费用。"

（3）《最高人民法院关于适用〈中华人民共和国民事诉讼法〉的解释》第 122 条规定："当事人可以依照民事诉讼法第八十二条的规定，在举证期限届满前申请一至二名具有专门知识的人出庭，代表当事人对鉴定意见进行质证，或者对案件事实所涉及的专业问题提出意见。具有专门知识的人在法庭上就专业问题提出的意见，视为当事人的陈述。人民法院准许当事人申请的，相关费用由提出申请的当事人负担。"《最高人民法院关于适用〈中华人民共和国民事诉讼法〉的解释》第 123 条规定："人民法院可以对出庭的具有专门知识的人进行询问。经法庭准许，当事人可以对出庭的具有专门知识的人进行询问，当事人各自申请的具有专门知识的人可以就案件中的有关问题进行对质。具有专门知识的人不得参与专业问题之外的法庭审理活动。"

9.【参考答案】（1）乙公司出售房屋对 A、B 不构成违约。第一，乙公司与 A、B 并未约定乙公司负有不得向他人出售房屋的合同义务；第二，乙公司向他人出售的房屋，销售比例仅占 15%，该销售行为不影响乙公司按约定应向 A、B 转让 40% 房产合同义务的履行。

（2）A、B 诉请撤销乙公司缔结的房屋买卖合同的主张不能成立。乙公司以合理价格出售房屋，未导致乙公司责任财产减少，不会影响 A、B 对乙公司债权的实现，根据《民法典》第 539 条的规定，A、B 不享有债权人撤销权，无权诉请法院撤销乙公司缔结的房屋买卖合同。

（3）A、B 诉请乙公司按约交付 40% 的房产，应当由被告住所地法院管辖，即 M 市 N 区法院管辖。本案中，第一，A、B 与乙公司签订的是房地产合作开发合同，不适用专属管辖；第二，双方书面约定了发生纠纷由被告住所地法院管辖，且上述约定不违反级别管辖和专属管辖的规定，属于有效的协议管辖。综上，本案应当依照协议管辖中的约定，由被告住所地的 M 市 N 区法院管辖。

【考点】 违约责任；债权人撤销权；协议管辖

【详解】《民法典》第 539 条规定："债务人以明显不合理的低价转让财产、以明显不合理的高价受让他人财产或者为他人的债务提供担保，影响债权人的债权实现，债务人的相对人知道或者应当知道该情形的，债权人可以请求人民法院撤销债务人的行为。"

《最高人民法院关于适用〈中华人民共和国民事诉讼法〉的解释》第 28 条规定："民事诉讼法第三十四条第一项规定的不动产纠纷是指因不动产的权利确认、分割、相邻关系等引起的物权纠纷。农村土地承包经营合同纠纷、房屋租赁合同纠纷、建设工程施工合同纠纷、政策性房屋买卖合同纠纷，按照不动产纠纷确定管辖。不动产已登记的，以不动产登记簿记载的所在地为不动产所在地；不动产未登记的，以不动产实际所在地为不动产所在地。"

10.【参考答案】 乙公司开始重整程序后，A、B 对 40% 房产不享有取回权。根据《企业破产法》第 38 条的规定，法院受理破产申请后，债务人占有的不属于债务人的财产，该财产的权利人可以通过管理人取回。本案中，该 40% 的房产为乙公司原始取得，尚未办理所有权变更登记给 A、B，故 A、B 不享有所有权，仅享有要求乙公司按约定交付的请求权。综上，房产应属于债务人的财产，A、B 不能主张该 40% 的房产的取回权。

【考点】 债务人财产

【详解】《企业破产法》第 38 条规定："人民法院受理破产申请后，债务人占有的不属于债务人的财产，该财产的权利人可以通过管理人取回。但是，本法另有规定的除外。"

试题九

1.【参考答案】 枫桥公司起诉要求支付租金，本案为房屋租赁合同纠纷，根据《最高人民法院关于适用〈中华人民共和国民事诉讼法〉的解释》第28条的规定，应按照不动产纠纷确定管辖法院，由房屋所在地 C 市 D 区法院专属管辖。双方约定由 A 市 B 区法院管辖，因与专属管辖规定相抵触而无效。

【考点】 专属管辖

【详解】《最高人民法院关于适用〈中华人民共和国民事诉讼法〉的解释》第28条规定："民事诉讼法第三十四条第一项规定的不动产纠纷是指因不动产的权利确认、分割、相邻关系等引起的物权纠纷。农村土地承包经营合同纠纷、房屋租赁合同纠纷、建设工程施工合同纠纷、政策性房屋买卖合同纠纷，按照不动产纠纷确定管辖。不动产已登记的，以不动产登记簿记载的所在地为不动产所在地；不动产未登记的，以不动产实际所在地为不动产所在地。"

2.【参考答案】（1）关于甲公司支付的30万元是否属于租金，应由甲公司承担证明责任。根据《最高人民法院关于适用〈中华人民共和国民事诉讼法〉的解释》第90条的规定，甲公司主张支付的30万元是租金，应由主张者甲公司承担证明责任。

（2）若法官对该主张无法形成自由心证，应认定甲公司支付的30万元不属于租金。根据《民法典》第560条的规定，债务人对同一债权人负担的数项债务种类相同，债务人的给付不足以清偿全部债务的，除当事人另有约定外，由债务人在清偿时指定其履行的债务。本案中，法官对该主张无法形成自由心证，即意味着甲公司不能举证证明其指定清偿的是哪一债务，此时应由负有举证证明责任的当事人甲公司承担败诉风险等不利的后果，故法官应认定甲公司支付的30万元不属于租金。

【考点】 证明责任的分配

【详解】（1）《最高人民法院关于适用〈中华人民共和国民事诉讼法〉的解释》第90条规定："当事人对自己提出的诉讼请求所依据的事实或者反驳对方诉讼请求所依据的事实，应当提供证据加以证明，但法律另有规定的除外。在作出判决前，当事人未能提供证据或者证据不足以证明其事实主张的，由负有举证证明责任的当事人承担不利的后果。"

（2）《民法典》第560条规定："债务人对同一债权人负担的数项债务种类相同，债务人的给付不足以清偿全部债务的，除当事人另有约定外，由债务人在清偿时指定其履行的债务。债务人未作指定的，应当优先履行已经到期的债务；数项债务均到期的，优先履行对债权人缺乏担保或者担保最少的债务；均无担保或者担保相等的，优先履行债务人负担较重的债务；负担相同的，按照债务到期的先后顺序履行；到期时间相同的，按照债务比例履行。"

3.【参考答案】 答案一：（1）属于反诉。本案的本诉为枫桥公司与甲公司关于租金给付的租赁纠纷，诉讼过程中甲公司提出以60万元的维修费抵销租金，该主张与本诉之间存在牵连关系，且脱离于给付租金的本诉，构成独立的诉，故法院应认定甲公司的主张构成反诉。（2）法院应告知甲公司以起诉的方式提出抵销请求，两案具有牵连性，应将抵销的反诉请求与本诉请求合并审理后作出判决，有关诉讼抵销的反诉判决具有既判力。若法院判决枫桥公司的诉讼请求不成立，反诉不会因为本诉的不成立而不成立。

答案二：（1）属于抗辩。（2）若法院判决枫桥公司的诉讼请求不成立，则甲公司的抵销主张亦不成立，抵销不会发生；若法院判决支持枫桥公司的诉讼请求，应在裁判理由中阐释是否适用抵销，因我国欠缺法律规定，判决的既判力无法及于抵销。

【考点】反诉与抗辩的区别

【详解】《全国法院民商事审判工作会议纪要》规定："抵销权既可以通知的方式行使，也可以提出抗辩或者提起反诉的方式行使。抵销的意思表示自到达对方时生效，抵销一经生效，其效力溯及自抵销条件成就之时，双方互负的债务在同等数额内消灭。双方互负的债务数额，是截至抵销条件成就之时各自负有的包括主债务、利息、违约金、赔偿金等在内的全部债务数额。行使抵销权一方享有的债权不足以抵销全部债务数额，当事人对抵销顺序又没有特别约定的，应当根据实现债权的费用、利息、主债务的顺序进行抵销。"

4.【参考答案】答案一：恒通公司可以依据判决书直接申请强制执行甲公司的财产。法院判决主文明确"恒通公司承担保证责任后，可向甲公司追偿"，该项权利义务主体明确，给付内容明确，具有既判力和执行力，恒通公司承担保证责任后可以依据该判决书申请执行甲公司的财产。

答案二：恒通公司不能依据判决书直接申请强制执行甲公司的财产。因为枫桥公司将恒通公司和甲公司一并起诉，共同诉讼在理论上只解决债权人和债务人之间的纠纷，并不解决债务人内部的关系，因此追偿权人恒通公司并非权利人或权利承受人，其无权作为申请执行人直接申请执行；且本案的执行标的并未明确，被执行人的义务范围也不确定，这都导致本案的执行根据不明确，不具有可执行性。

【考点】执行开始的方式、民事判决的法律效力

【详解】《最高人民法院关于适用〈中华人民共和国民事诉讼法〉的解释》第461条规定："当事人申请人民法院执行的生效法律文书应当具备下列条件：（一）权利义务主体明确；（二）给付内容明确。法律文书确定继续履行合同的，应当明确继续履行的具体内容。"

5.【参考答案】丁某可以向枫桥公司主张赔偿责任。根据《民法典》第1257条的规定，因林木折断、倾倒造成他人损害时，林木的所有人或管理人须承担过错推定责任。本题中，林木的管理人枫桥公司未及时采取合理、必要的措施防止林木倾倒，对丁某的损害存在过错，因此需对丁某遭受的损害承担赔偿责任。

【考点】林木折断、倾倒或果实坠落损害责任

【详解】《民法典》第1257条规定："因林木折断、倾倒或者果实坠落等造成他人损害，林木的所有人或者管理人不能证明自己没有过错的，应当承担侵权责任。"

6.【参考答案】乙公司不能就未成功缔约的损失主张赔偿。

（1）丁某没有违反诚信原则，丁某也不存在过错，故乙公司不得向丁某主张缔约过失责任，且该损失也不属于缔约损失的赔偿范围。

（2）枫桥公司未及时采取措施防止林木倾倒与乙公司未签订合同遭受损失之间不具有相当因果关系，乙公司未与丁某成功签约的损失属于纯粹经济损失，乙公司无权向枫桥公司主张侵权损害赔偿责任。

【考点】缔约过失责任；林木折断、倾倒或果实坠落损害责任

【详解】《民法典》第 500 条规定："当事人在订立合同过程中有下列情形之一，造成对方损失的，应当承担赔偿责任：（一）假借订立合同，恶意进行磋商；（二）故意隐瞒与订立合同有关的重要事实或者提供虚假情况；（三）有其他违背诚信原则的行为。"

7.【参考答案】丙公司将枫叶写字楼第 18 层整体转租给他人的行为有效。根据《民法典》第 716 条的规定，丙公司有权将第 18 层整体转租给他人，转租合同有效，但未经出租人枫桥公司同意，枫桥公司可以行使法定解除权解除转租合同。

【考点】租赁合同；违法转租

【详解】《民法典》第 716 条规定："承租人经出租人同意，可以将租赁物转租给第三人。承租人转租的，承租人与出租人之间的租赁合同继续有效；第三人造成租赁物损失的，承租人应当赔偿损失。承租人未经出租人同意转租的，出租人可以解除合同。"

8.【参考答案】枫桥公司将枫叶写字楼整体转让给峰塔公司，不影响甲公司等租户的租赁合同的效力。根据《民法典》第 725 条的规定，租赁物在承租人按照租赁合同占有期限内发生所有权变动的，不影响租赁合同的效力。

【考点】买卖不破租赁

【详解】《民法典》第 725 条规定："租赁物在承租人按照租赁合同占有期限内发生所有权变动的，不影响租赁合同的效力。"

9.【参考答案】答案一：甲公司可以就第 16 层行使优先购买权。根据《民法典》第 726 条的规定，出租人出卖租赁房屋时，承租人享有优先购买权。枫叶写字楼各层是可分的，在功能上相互独立，因此甲公司有权就其承租的第 16 层主张优先购买权。

答案二：甲公司不能就第 16 层行使优先购买权。出租人枫桥公司出卖整栋大楼，作为承租人的甲公司仅主张购买第 16 层，其所提出的条件并不属于同等条件。因此，甲公司不享有优先购买权。

【考点】租赁合同；承租人的优先购买权

【详解】《民法典》第 726 条规定："出租人出卖租赁房屋的，应当在出卖之前的合理期限内通知承租人，承租人享有以同等条件优先购买的权利；但是，房屋按份共有人行使优先购买权或者出租人将房屋出卖给近亲属的除外。出租人履行通知义务后，承租人在十五日内未明确表示购买的，视为承租人放弃优先购买权。"

《最高人民法院关于承租部分房屋的承租人在出租人整体出卖房屋时是否享有优先购买权的复函》规定："……从房屋使用功能上看，如果承租人承租的部分房屋与房屋的其他部分是可分的、使用功能可相对独立的，则承租人的优先购买权应仅及于其承租的部分房屋；如果承租人的部分房屋与房屋的其他部分是不

可分的、使用功能整体性较明显的，则其对出租人所卖全部房屋享有优先购买权。……"

10.【参考答案】（1）恒通公司需要对甲公司的租金支付承担连带保证责任。根据《最高人民法院关于适用〈中华人民共和国民法典〉有关担保制度的解释》第8条的规定，公司为其全资子公司开展经营活动提供担保，应当承担担保责任。甲公司为恒通公司的全资子公司，故恒通公司需要对甲公司的租金支付承担连带保证责任。

（2）答案一：恒通公司无需对丙公司的租金支付承担连带保证责任。丙公司为恒通公司的参股子公司，根据《公司法》第16条的规定，公司向其他企业投资或者为他人提供担保，依照公司章程的规定，由董事会或者股东会、股东大会决议。本案中，恒通公司未经公司内部决议即为丙公司提供担保，担保合同无效，恒通公司无需承担连带保证责任。

答案二：恒通公司需要对丙公司的租金支付承担连带保证责任。恒通公司持有多个金融牌照，属于金融机构，根据《最高人民法院关于适用〈中华人民共和国民法典〉有关担保制度的解释》第8条的规定，金融机构开立保函或者担保公司提供担保的，是否履行公司内部决议程序不影响担保合同的效力，因此恒通公司出具的《担保函》有效，其需要依《担保函》对丙公司的租金支付承担连带保证责任。

【考点】保证合同；公司对外担保

【详解】《最高人民法院关于适用〈中华人民共和国民法典〉有关担保制度的解释》第8条规定："有下列情形之一，公司以其未依照公司法关于公司对外担保的规定作出决议为由主张不承担担保责任的，人民法院不予支持：（一）金融机构开立保函或者担保公司提供担保；（二）公司为其全资子公司开展经营活动提供担保；（三）担保合同系由单独或者共同持有公司三分之二以上对担保事项有表决权的股东签字同意。上市公司对外提供担保，不适用前款第二项、第三项的规定。"

《公司法》第16条第1款规定："公司向其他企业投资或者为他人提供担保，依照公司章程的规定，由董事会或者股东会、股东大会决议；公司章程对投资或者担保的总额及单项投资或者担保的数额有限额规定的，不得超过规定的限额。"

《最高人民法院关于适用〈中华人民共和国民法典〉有关担保制度的解释》第7条规定："公司的法定代表人违反公司法关于公司对外担保决议程序的规定，超越权限代表公司与相对人订立担保合同，人民法院应当依照民法典第六十一条和第五百零四条等规定处理：（一）相对人善意的，担保合同对公司发生效力；相对人请求公司承担担保责任的，人民法院应予支持。（二）相对人非善意的，担保合同对公司不发生效力；相对人请求公司承担赔偿责任的，参照适用本解释第十七条的有关规定。法定代表人超越权限提供担保造成公司损失，公司请求法定代表人承担赔偿责任的，人民法院应予支持。第一款所称善意，是指相对人在订立担保合同时不知道且不应当知道法定代表人超越权限。相对人有证据证明已对公司决议进行了合理审查，人民法院应当认定其构成善意，但是公司有证据证明相对人知道或者应当知道决议系伪造、变造的除外。"

图书在版编目（CIP）数据

2024 国家统一法律职业资格考试记忆通：学科版.
民法／飞跃考试辅导中心编.—北京：中国法制出版
社，2023.12
　ISBN 978-7-5216-3987-2

　Ⅰ.①2… Ⅱ.①飞… Ⅲ.①民法-中国-资格考试
-自学参考资料 Ⅳ.①D92

　中国国家版本馆 CIP 数据核字（2023）第 231719 号

责任编辑：刘海龙　　　　　　　　　　　　　　　　　封面设计：杨鑫宇

2024 国家统一法律职业资格考试记忆通：学科版.民法
2024 GUOJIA TONGYI FALÜ ZHIYE ZIGE KAOSHI JIYITONG：XUEKEBAN.MINFA
编者／飞跃考试辅导中心
经销／新华书店
印刷／廊坊一二〇六印刷厂
开本／850 毫米×1168 毫米　24 开　　　　　　　　　印张／7.5　字数／198 千
版次／2023 年 12 月第 1 版　　　　　　　　　　　　2023 年 12 月第 1 次印刷

中国法制出版社出版
书号 ISBN 978-7-5216-3987-2　　　　　　　　　　　　　　　定价：28.00 元

北京市西城区西便门西里甲 16 号西便门办公区
邮政编码：100053　　　　　　　　　　　　　　　　　传真：010-63141600
网址：http：//www.zgfzs.com　　　　　　　　编辑部电话：010-63141814
市场营销部电话：010-63141612　　　　　　　　印务部电话：010-63141606

（如有印装质量问题，请与本社印务部联系。）

本书扉页使用含有中国法制出版社字样的防伪纸印制，
有这种扉页的"飞跃版"考试图书是正版图书。